青少年校园美文精品集萃丛书
成长同行系列

成长是逐梦远方的旅途

《中学生博览》杂志社 选编

时代文艺出版社

图书在版编目（CIP）数据

成长是逐梦远方的旅途 / 《中学生博览》杂志社选编. — 长春：时代文艺出版社，2021.3

（青少年校园美文精品集萃丛书. 成长同行系列）

ISBN 978-7-5387-6618-9

Ⅰ. ①成… Ⅱ. ①中… Ⅲ. ①作文－中小学－选集 Ⅳ. ①H194.5

中国版本图书馆CIP数据核字（2021）第006264号

出 品 人　陈　琛

产品总监　邓淑杰

责任编辑　曾艳纯

助理编辑　徐　薇

装帧设计　孙　利

排版制作　隋淑凤

成长是逐梦远方的旅途

《中学生博览》杂志社　选编

出版发行 / 时代文艺出版社

地址 / 长春市福祉大路5788号　龙腾国际大厦A座15层　邮编 / 130118

总编办 / 0431-81629751　发行部 / 0431-81629755　北京开发部 / 010-63108163

官方微博 / weibo.com / tlapress　天猫旗舰店 / sdwycbsgf.tmall.com

印刷 / 三河市嵩川印刷有限公司

开本 / 880mm × 1230mm　1 / 32　字数 / 135千字　印张 / 7

版次 / 2021年3月第1版　印次 / 2021年3月第1次印刷　定价 / 36.00元

图书如有印装错误　请寄回印厂调换

编 委 会

Contents
目录

手表物语

致这世上所有的相遇

不见不散

如果青春不快乐

手表物语

手表物语

巫小诗

男孩儿的老照片

徐欣在同桌刘森浩借给她的书里偶然翻到一张照片，一看就知道照片有好些年了，照片里的刘森浩似乎还是个小学生，五官没有太大变化，就是整个人小了几个号，还蛮可爱的。那应该是一场家庭聚餐，每个人都很开心，桌子上还放着蛋糕，徐欣盯着照片，一脸思索状。

“浩子，照片里的你看起来好奇怪啊，也说不清哪里奇怪，就是不太对劲。”徐欣对坐在旁边的刘森浩说道。

“因为太小了吧，照片里的我才刚满十岁。”刘森浩回答道。

“不是，谁没十岁过，怪的不是这个，而是，你看起来……哦！我知道了，浩子，照片里的你戴了两块手表呢，为什么左手一块右手一块啊？这样很奇怪，还有点儿二呢，哈哈。”

“嗯，是的，戴了两块手表。因为那时候想要一个手表当礼物，生日的时候爸妈不约而同都送了我手表，我都喜欢，都想戴着，而且，如果我只戴他们其中一个人送的手表，那另一个不就吃醋了？所以，我就两块都戴着。”

“那你平常看表用哪只手？”徐欣问。

“习惯是用左手，但当妈妈的面，偶尔也用右手看，因为她送的表我戴在右手上。”刘森浩愣愣地回答。

“那你是不是更爱爸爸，所以才把他送的表戴在左手上？”徐欣问得不怀好意，简直在挑拨人家的母子关系。

“你想太多了，只是按男左女右来安放礼物而已 。”

徐欣看了看刘森浩现在的手，他两手空空，没有戴手表，什么都没有。刘森浩知道她在看什么，嘿嘿一笑说：“现在不用表啊，我看手机呢。”

“真羡慕你呢，为父母送同样生日礼物而难以取舍，这真是幸福的小烦恼啊。我家人都是大老粗，没有过生日的习惯，更别说礼物了。”

“你生日什么时候？我送个礼物给你啊。”刘森浩说。

“7月的最后一天。”徐欣并没有报以希望，她知道这只是一句情面话，自己的生日永远夹在燥热的暑假正中间，没有同学会特意为这件小事赶来。

十七岁的单车

徐欣转回自己的座位，趁着下课时间还有两分钟剩余，迅速把借来的书翻翻，也没有翻到别的东西，都搞不懂自己了，借书的目的到底是看书还是看八卦啊。高三了，课间看点儿课外书放松放松，总比玩游戏或干别的好。

这不是徐欣第一次找刘森浩借书了，他家里书很多，要帮着看才行，准确说是，他家里很大，家里什么都有，什么都多，不仅书，还有各式各样的魔方、赛车、滑轮鞋，徐欣只跟同学一起去过他家一次，即便自己是女生，也被琳琅满目的物件吸引了，好生羡慕。

刘森浩不仅家境殷实，成绩好，长得还凑合，人也挺低调的，从不炫耀什么，他大概属于那种什么都有什么都好，还比别人努力的，真是恨都恨不起来呢。

但刘森浩话少，很高冷，脸色也僵，你不跟他说话，他一般是不会跟你说话的。徐欣也尽量少跟他交流，班上七嘴八舌的女生哟，说徐欣对他有意思，还说什么唐宛如看上江直树，去你的，能不能不要这么……这么形象。

徐欣属于班上的隐形人，成绩一般，家境一般，长相一般，樱桃小丸子的发型，配上一张微胖的脸，别说，还真有点儿唐宛如的味道。只是徐欣不如唐宛如的是，人家尚且有三个上刀山下火海的好姐妹，自己就一个人，家住得又比较偏，每次放学骑车回家，骑着骑着穿校服的队伍就剩下自己一个了，真是有点孤单呢。单车也是二手的，骑着好吃力，妈妈说新的容易被偷，单车和十七岁都是多么美好浪漫的元素，组合在自己身上，都是一股老气横秋的味道，唉。“一个人要活得像一支队伍”，说的就是自己吧，徐欣继续努力把单车往家的方向蹬着。

不愉快的晚餐

回到家，妈妈刚刚做好晚饭。

一家三口像往常一样沉默地吃着晚饭，徐欣无精打采的，她满脑子是刘浩森家的样子和自己家样子的对比，别的不说，哪怕只是一个大点儿的书柜，家里都没有。再想想自己没有几件漂亮衣服，还有那放学回家蹬不动的自行车，她委屈不打一处来，终于忍不住开了口：“人家说男孩儿要穷养，女孩儿要富养。为什么咱家是反过来的？”

“怎么突然问这个？”妈妈停下筷子。

“没什么，就是问问。”徐欣嘟囔道。

“咱家如果还有个男孩子，也是这样养，咱家就这条件。”妈妈说完还侧目看了一眼爸爸，似乎有些赌气。

“你们年轻的时候为什么不努力一点儿，让后代过上更好的生活？”徐欣却不识趣地说了更重的话，她实在是受够了家境的平庸。

这句话，让大家沉默了，爸妈都停下了筷子，连空气都尴尬得不知所措。

徐欣似乎意识到自己说话过分了，她祈求挽回点儿什么，又感觉无能为力，于是端起了自己碗里的汤，咕噜噜一口气喝了下去，然后话也没说地回了房间。先是反锁，反锁了又抱着点儿侥幸，然后折回去取消了反锁，没有洗漱地仰面躺在被子枕头上面，望着天花板发呆，呆着呆着就睡着了。

也不知过了多久，她隐约感觉到自己飘浮起来了，大概是做梦吧，她告诉自己，然后继续努力睡着没有醒来，飘浮着又砰地摔在了床上，她才彻底清醒，这不是做梦。

爸爸站在自己的床边，尴尬地说："看你睡得香，不忍心叫醒你，想把你抱到被子里去睡，老了，抱不动了。"

在那么一瞬间，徐欣觉得自己也很幸福。后悔自己晚餐时说了那么蠢那么过分的话，家人明明对自己很好，给自己的都是家里最好的。徐欣张嘴想向爸爸道歉，想解释，爸爸说："睡吧，你睡眠浅，好不容易睡着了就不说话了，晚安。"

一滴泪落到了枕头上，暖暖的。

旧 表 带

早上起来，妈妈出门买菜了，早餐是爸爸做的，父女俩一起享用了早餐，昨天发生的事没有人提起，一切又回归平静和谐。

爸爸伸手舀粥的时候，徐欣看到了爸爸左手的手表，以前没有如此仔细端详过，它好旧好旧啊，旧表带和锃亮的新表盘组合在一起，特别奇怪。

“爸，这手表好旧，去换个表带吧，别太节约了。”徐欣说道。

“不是节约，这表带里有故事呢。”爸爸说。

“什么故事，说来听听。”

爸爸看了看表，“时间不早了，你得去上学了，不然迟到了，晚上回来再讲给你听，三言两语讲不清。”

“哦，好吧。”徐欣只好迅速吃完饭，背上书包跨上小破车，往学校奔去。

上课的时候心不在焉，满心惦记着爸爸的故事啊，从来没有如此想听一个故事，是爸妈的定情信物？还是爸爸的初恋情人送的？或者是一位高人所赠？嘿嘿，快点儿下课才好啊。

爸爸的小虚荣

徐欣火急火燎地骑车回了家，比往常足足早了十五分钟，妈妈还在厨房里忙活，爸爸戏谑她是踩着风火轮回来的。

故事呢？故事呢？徐欣催促着爸爸，像等待糖果的小孩儿。

于是两人在客厅的小沙发坐下，爸爸将他旧手表的故事娓娓道来，准确说，是旧表带的故事。

“爸爸小的时候家很穷，家里有三个男孩儿，爸爸是老二，大的管事，小的要让着他，在家就比较不吃香。那时候啊，我特别想要一块手表，手表可是大件啊，我那时候对手表的期待，就像你们现在的学生娃娃想要一个苹果手机一样。可是吃饭都吃不饱，买什么手表啊，我也就从没跟家里开过口。

“一次偶然地翻箱倒柜找东西，发现你爷爷的一条旧表带，是的，只有表带，没有表芯，是单位发的，戴久了坏了，表芯脱落，只剩下表带。然后我就去让你爷爷把这个表带送给我，他当然同意，毕竟已经没有了用途。”

“要一个光表带做什么？”徐欣打断了爸爸的话。

“你听我说，接下来要讲的。然后我就把这个表带戴在手上，那时候是冬天，我特意把表带戴得高高的，刚好只露出一点点表带的边，这样外人一看就知道我有一块手表了，特别神气，戴了几天过了瘾，我就把表带收起来了，因为好害怕别人找我问时间，那会很丢脸的，哈哈，那时候我上初中，现在想着真好笑，太虚荣了。”爸爸说完，忍不住羞涩了一下。

徐欣没有打断爸爸，他接着往下讲，“后来你爷爷走了，也没有什么遗物，唯独这个表带我一直保管着，想他的时候拿出来看看，你妈妈见我这样，偷偷拿走去给它配了个表芯送我，我挺喜欢，就天天戴着，还挺好看的，用你们年轻人的话说，挺复古的。”

徐欣心想，这个旧表带还有这么温情的故事，妈妈也挺细心的，以前没有发觉。

妈妈喊吃饭了，餐桌上，徐欣没有再提起手表的事，只是自顾自地想着，刘森浩有两个手表，那是父母对他的爱，爸爸戴着旧表带，那是他对父母的爱，好多爱啊，世界可真是美好 。

一百分还是一百岁

还没从各种美好、各种爱中回过神呢，一看到墙上的日历，徐欣心力交瘁。后天又要模拟考了，这次模拟考是迄今为止最大型的，据说从这次模拟考的成绩，基本可以看出你高考的水平，想想还有一点儿小紧张呢。

晚饭后坐在书桌前，摆出架势来好好复习，脑子里是那种耸人听闻的广告语“再不治疗就晚了”，是啊，就两天了，再不复习就来不及了。

想想班上五十五个人，她一直稳定在三十多名，每当她说自己成绩中等的时候，刘森浩就冷冷来一句，你应该算中下等，真是气死人了。他呢，一直稳定在班级前三，有时人品爆发还能考全校前三，真是令人发指。不过井水不犯河水，他上他的名牌大学，她考她的普通本科，也没啥好怨的，毕竟他好好学习的时间，她也毫不辜负地好好玩掉了，不亏的。

徐欣从小就不是成绩好的，就连在分数顶峰一年级的时候，别人都考一百，她都非得考九十九。记得童话大王郑渊洁讲，一百分让童年变成一百岁。徐欣想，可不是嘛，幸好我的童年比人家年轻些。现在高考，满分可是七百五十分呢，高考让少年变成七百五十岁！

不不不，不能再抱怨了，要复习了，那从哪里开始呢？要不先列个计划？计划写在哪里？等找个漂亮一点儿的本子，没有彩色本子了，用黑白本子，旁边画点儿小漫画吧，那再找找彩色铅笔……

这就是学渣的考前复习，好像总会跳出一堆牛鬼蛇神来让你先去做别的事情呢。

指点迷津

成绩出来了，徐欣不负众望地考了三十三名，成绩一直很稳定，可这次同桌刘森浩的分数让徐欣刮目相看，他居然考了全校第一！教室外老有姑娘来偷瞄他，指指点点，简直能想到她们的台词：“就是那个第一名！成绩又好又帅！受不了啦！”呃，真肉麻。

唉，都是坐在一排位子的人，差距怎么可以这么大啊，上帝能不能同情一下这个可怜的少女啊，一直三十多名，奔二奔了这么久，嫦娥都奔到月亮上去了，自己分数还是这样。想想家里人，尤其是老爸对自己那么好，这样的成绩真的有点儿对不起他。要不，要不向学霸刘森浩取取经？

“浩子，不不，刘森浩，刘男神，怎样可以把成绩提高？不需要到你这样的层次，能提高到中等就行，支点儿招吧，我真的是无颜见家中老豆了。”马大哈的徐欣笑嘻嘻地向刘森浩求教。

“少跑神，你的注意力每天都飞来飞去，能考三十三名，你都要为自己庆幸了。”

刘森浩一语中的，让徐欣有些无地自容，“呃，这个嘛，下次注意，那以后我跑神你就桌子底下踩我。还有什么指示吗？男神。”

“怎样能突然长胖？”他话锋一转问徐欣。

“呃，怎么突然问这个，当然是吃啊，不过一口吃不成胖子啦，要慢慢吃，持久战地吃，像吃自助餐一样不气馁地吃，哈哈，长胖我可有经验了。”徐欣丝毫没感觉到刘森浩在损她，傻愣愣地讲述着长胖经验。

“嗯，就这样，学习跟长胖一个道理的，一下子成绩不可能突飞猛进，慢慢来，每一口都要吃到货，每一天的学习都要让自己的知识吃饱，不气馁，不挑食厌食。”

“你……你真是骂人不带脏字，讨厌！就知道欺负我胖。”徐欣气哄哄地回答。

此时铃声响起，上课了。

徐欣回味着刚才刘森浩跟自己讲的，似乎有那么一些道理，说人胖不胖的，倒也没那么生气，毕竟人家是为了自己好，他那么高冷，一般不跟人说话，能跟自己说这么多已经不错了，提高学习，确实是得一步一步来。

“你踩我干吗？！”徐欣憋住声音朝着刘森浩凶道。

“别跑神，你让我踩你的。”他冷冷地回答，然后转身继续听课。

突 飞 猛 进

学渣的蜕变从刘森浩踩徐欣的那一脚开始，她好像发自内心认识到了，有些事情是必须去做且可以做好的。

徐欣有学的态度和欲望，刘森浩也有监督的意向和辅导的耐心，帮扶政策就这么悄然开始了。上课听，下课问，笔记随便借回家，甚至回家的时间都减少了。

徐欣对此很感激，觉得高中期间没有什么玩得好的朋友，刘森浩大概算是最好的一个了，至少自己是这么认为的，就算不为了家人，不为自己，为刘森浩也得好好学习才是啊。尽管跟他不是一路人，他会去顶尖的学校，那自己也要尽量不落后他太多才好呢。

人真心想要学习的时候，才发现之前度日如年的时光，过起来是那么快，一晃眼就最后一次模拟考了。

徐欣考完特别没底，也不知道这么学有没有用，没用的话还是继续玩去吧，学习好辛苦的。出成绩时连刘森浩都震惊了，徐欣考了班级十九名！是的，十九名，她何止奔二成功，简直要奔向一位数。

她激动不已，回家汇报了成绩，老爸特开心，老妈却冷淡淡地说，没作弊吧。但这句话根本不会让徐欣难过，因为她内心笑开了花因为这次的成绩，让她觉得自己离崇拜的男神近了许多。

生日礼物

高考就这么来了，徐欣最后的高考成绩还算可以，被一所二本院校录取。刘森浩分数很高，但是，他没有报考国内的学校。是啊，家境好成绩又好的，会更愿意去国外发展吧，听说是英国的高校，真替他高兴呢，打心里替他高兴。但又好像高兴不起来，大概是因为再也见不到他了吧。

7月的最后一天，徐欣生日，家里稍微改善了一下伙食，除此之外，没有特别。

屋外有车铃声，很熟悉的车铃声，徐欣赶紧跑出门。天哪，是刘森浩！他果然记得她的生日，还特意来到了她家楼下。

“你没有手机，联系不上你，所以只能来你家了，生日快乐！”说罢，还递上了一个精致的小纸袋，“我要去国外上学了，很快就走了，家里也迁过去，大概不会再回来了。你大学别太偷懒，多学点儿东西。想我的时候，你可以看看它。”他说完，居然走过来抱了抱徐欣，把礼物袋塞到她的手里，然后跨上单车，头也没转地离开了。他还是那么冷冷的，就连拥抱都是冷冷的，但徐欣知道，他是怕自己说多了抱久了，会更让她难过。

可是，就算他这样看似不让人伤心地走了，徐欣还是哭了。女汉子很少哭，连她自己都意外了。

回家拆开礼物盒子，礼物是块很精美的手表。不是普通的手表，是那种双表盘的，大盘内还有一个可以走另外一个时间的小盘，两个时间相差七个小时，那就是英国时间啊，每天看北京时间的时候也可以知道他那边几点，挺好的。

更好的自己

大学里的徐欣，不再像高中那么混沌懒散，她认真上课，阅读，锻炼身体，甚至还学了点儿化妆。她知道，就算再也见不到刘森浩，她也要为了他变成更好的自己才是。

而那只手表，她每天都戴着，睡觉都不舍得摘下。

每当有同学问起这只精美的手表，她总会羞涩地回答道：“这是我喜欢的男生送的。”

寄往天堂的信

梓　芊

亲爱的天堂信使：

你好！

妈妈在我房间的窗台上搁了盆紫丁香。我真想用紫丁香的语言感谢你替我把之前的信转交给爸爸。但请允许我不礼貌地问一个问题，是不是有很多像我一样的孩子，爸爸妈妈都在天堂，于是当你背着果绿色的大袜子送信件的时候要花好几个月的时间？

但我实在等不及了，您能告诉我天堂的电话吗？

乔海鑫

我把作业收拾好装进军绿色的书包袋后像往常一样走

到学校门口，用手虔诚地握住淡绿色的信封，掌心合十，心里念道：老天保佑。于是信封就像是绿色的带鱼一般灵巧地钻进了墨绿的长身信筒里。

原谅我到十六岁了还是这样迷信，但有些习惯有些事情甚至有些人都是你用无聊透顶这些词句没办法解释的。比如，在我都记不得是什么时候我爸爸得了癌症，死掉了。妈妈是个能干的女人，尽管那时候她一再处于崩溃的边缘，但还是勇敢地把自己拉了回来。她接管了小镇上爸爸留下的面包店，扛瓦斯罐、订面粉、踩三轮，她都一个人咬牙熬了过来。

虽然比不得那些酒家但所幸有些老主顾还是会照顾我们家的生意，可那时才读幼稚园的我哪里懂这些。

家里摆满了花圈，惨白得像是三月梨花雪吹了又吹。亲戚们热热闹闹地在前堂吃饭喝酒，家里的阿黄孤零零地叫了两声，觉得没趣就摇摇尾巴睡大觉去了。

我那时候觉得自己特别凄惨，大人们没空管我，七大姨八大婆在前厅哭得惨兮兮的，婶子家的二丫在和她的小妹妹抢鸡腿吃，婶子嘴上骂骂咧咧掩不住怒气。

我在门槛上坐着，两个眼窝泪盈盈被照得亮亮的，直到现在我都不明白，葬礼是干什么用的。祭奠灵魂什么的一点儿都不靠谱，他们就是来混吃混喝的！

想到这里，我又觉得自己是世界上最凄惨的人，爸不要妈不爱，就又抽抽噎噎地哭了起来。那段时间我反复地掉眼泪珠子，哭累了就睡，睡醒了又接着哭，眼睛肿得和毛桃似的，心里只觉得凄苦，就像以前阿婆家熬的中药，捏着鼻子也喝不下去，哭得从鼻子里呛出来。

我逃学，打架，讨厌一切事物，不喜欢光。

很久之后我在语课文上学过：你高兴了，月亮都是好的；你难过了，太阳都不大。

那时候我才多大啊，我看天上的云都是淡淡的，像是有人用脏抹布堵住了我的胸口，我只觉得胃里一阵恶心就跑到院子里干呕起来。院子里还有雨后清新的味道，只是一场雨后，绿肥红瘦。

蔷薇花都败了，爸爸再也不会回来了。

我那种抽筋劲头过去了都是因为后来遇到了传说中神神秘秘的天使。这事说来话长，简而言之就是我那时候闹，在我妈的面包店都闹，妈忙得很，她得想怎么让我们母女俩存活下去，她就不耐烦地瞎编了理由给我讲，我爸去天堂了。

那时候我使劲儿也想不起天堂是哪里，什么地址，我妈就顺手把桌上一张纸条甩给我敷衍我，说这是天堂的地址，寄信过去我爹应该能收到。

让她没想到的是我真的屁颠屁颠地跑去问来寄信的方法，在邮政局的叔叔阿姨们热情的帮助下，我成功地写下了人生第一封信。

天使：

你好！

我的爸爸因为癌症住到了天堂。您能让我和他说说话吗？

乔海鑫

我在牛皮信封上歪歪扭扭地写上自己的名字，那时候我还经常把“鑫”字写得大大的，像座快歪倒的金字塔。

当然如你所想，不可能真的有回信，但小时候的我好像还真有持之以恒坚持不懈的好品质，于是在投出五六封都石沉大海之后，我终于收到了天使的第一封回信，准确地说是天使的使者的信。

海鑫：

你好啊！

天使太忙了，他每个月都要背着大大的袜子袋去人间的邮局分站收信。他有太多的信要看了，所以请原谅他回复得这么迟。

我是天使的使者刺猬，我代他给你回信。当我看到绿色的青草信纸上圆圆的像胡萝卜般可爱的字体时，我就情不自禁地喜欢上你这小姑娘了。

对于你爸爸的离开我替你感到难过，但是并不是只有你一个人活在这个世界上，也并不是只有你爸爸去了天堂。

我听说过一个故事，有个老婆婆的儿子死了，她很难过，就来请求天使的帮助，天使微笑着对她说："你现在去乞讨米粒，如果你所乞讨的人家没有人去世过就向他们要一粒米，等集齐十粒，你的儿子就可以复活了。"

老太太很高兴，以为这是个很轻松的任务，她沿着路边的人家去要米，可意外的是别人都摇摇头说家里有人去了天堂。

结果，老太太一粒米也没有要到。

所以海鑫，请不要悲伤不要哭泣，如果你有一千个理由哭泣，也要找一万个理由微笑！

成为一个坚强的女孩儿吧，这是你的父亲最乐意见到的。

刺猬

从那以后，我成了一个坚强努力存活下去的孩子。因为我觉得好死不如赖活着，死亡和活着其实都在一念之间，但也就是那一闪而过的念头成了宿命的轮回。

而我与刺猬成了无话不说的好友，矫情地说，我觉得他就像我的父亲。有时像长辈般给我温情的鼓励，有时像是朋友般给我温暖，更多的时候她或者他给我一种奇异的感觉，尽管我们往来信件并不多，但每每收到刺猬的信我都会傻笑好一阵。

这是属于一个女孩儿对于童话的虔诚。也许过于狗血或者可笑，但不可否认这场我们都愿意沉沦的骗局的单纯美好。

妈妈对面包店很上手，总是做出造型精美的各种面包，引得小孩子们放学后都往小店里挤。偶尔周末我得空了就回来帮妈妈的忙，当我揉着松软的面粉时我想到刺猬那些鼓励我的话，就想，如果我和刺猬在现实中能见面该有多好啊！他还能尝尝我做的面包呢！

这样想的时候我就忍不住认真做了起来，想象着我是在做给刺猬吃，每一个路人都成了朋友，牛角面包、黑森林慕斯、奶油彩虹蛋糕都膨胀出甜美的味道。

妈妈倒是因此常夸我继承了她的衣钵，做得一手好面包。看到妈妈嘚瑟地眨眨眼睛，我忍俊不禁，心里想，妈妈还不知道刺猬的事情呢！想着想着，我一个人又偷偷乐了起来，心里开出一朵朵快乐的小雏菊。

我把这事件情写给刺猬，刺猬总是很欣慰现在的我很快乐。有时候刺猬也犯迷糊，很小孩子气，他在第三十二封信里就说到过他的过往。

海鑫：

我很高兴能看到这么快乐的你。

但其实我自己也有个很难解开的心结，我的爸爸一直在和我的妈妈闹脾气。忘了告诉你，我爸爸才是真正的天使的使者，小时候我常跟着他在雪地里给天使送信，但现在他天天喝得醉醺醺的还总是打我和妈妈。

我真的很痛苦，尽管有时候我能收到你的来信。能代替爸爸帮人收信、送信，我感到很开心，却再也找不回小时候的感觉了。

海鑫，有时候我很羡慕你，你其实是个勇敢的好姑娘，但我一直在躲避自己的家，自己的爸爸妈妈。我还没有你勇敢啊。

刺猬

读完这封信的时候我心里感到沉甸甸的，身上的军绿色大书包把我肩膀压得发酸，我心里沉闷得说不出话。就像爸爸那年去了一样，云也压得低低的。

夏日清凉的雨水和着栀子花香的味道撩拨着我细细碎碎的刘海，我为我的好朋友刺猬这样悲伤的文字感到伤心。

我突然很想见见刺猬，抱抱他或者是她，告诉他别怕，海鑫在。现在的刺猬多么像个无助的小孩儿啊！

于是我第一次以爸爸为借口回信给刺猬，我说，我想要天堂的电话，其实也就是想和他说说话，听听我的刺猬会有怎么样的声音，是会像是刚剥开的新鲜荔枝的柔软，还是像海浪般清澈？抑或是初雪敲着碎玉发出的声响？

此时此刻，我迫切地想要知道刺猬的一切，他的喜怒哀乐，他这一天吃了什么，做着什么样的事？晚上有没有睡好觉？会不会和我一样喜欢踢被子，夏天里把脚丫晾在外面，半夜再缩进被窝？

我大脑里的每一根神经都被刺猬牵动着，我开始日思夜想却想不出个所以然来，于是我开始用粉色的风信子信纸给刺猬写信，说希望和他或者她见面，我想象这一切未知的结果和未来。但却验证了一句古话："心急吃不了热豆腐。"

我越是着急却越是等不到，一连好几个星期我都没有收到过刺猬的来信。

上政治课的时候我的右眼皮一直跳，我隐隐地感到有不好的事，心里不安起来。刺猬怎么了呢？会发生什么事？

我从铝合金的窗户口看出去，天空里的云又压得低低的了。

放学后我一路踢着石子回到家，到了家门口的栅栏处，我闻到了异样的味道，家里的烟囱青烟袅袅，厨房里好像很热闹，隐隐约约传来说笑声。

那声音压得我快喘不过气来，于是我疾步走向家门，一把推开它就看到满桌子热菜的雾气里坐着一个陌生的男人。我妈和那男人说说笑笑很是开心，乳白色的雾气模糊了她的脸庞。

我不清楚我现在是什么心情，但我惊异得下巴都合不上了，我像只被踩了尾巴的猫一样奓毛地尖叫道："妈！"好像我妈犯了什么天大的错似的。

那男人摸摸天然的卷发，清瘦的脸上不时闪过尴尬的神色。我妈嗔怪地看了我一眼说："海鑫，客人来了怎么还这么胡闹？快去洗洗手吃饭。"

我脾气上来，把书包往沙发上一砸，闷声闷气地问了一句："他是谁？"

我这么一说还得了？我妈火气一下上来了，像吃了炸药弹似的骂道："是谁还要和你一一汇报是吧？养你这么大我这么辛苦，你就这么一副态度，我还真是养了一只没心没肺的白眼狼！"

我心里一跳，被妈妈的话狠狠地刺伤了，就像小时候野花的刺嵌进了手心的肉，疼得发酸。我咬牙切齿地朝妈瞪了一眼，然后朝男人啐了口痰，跑回房间"啪"地一下把门锁上。屋内屋外，两个世界被隔绝开来。我再也没听到母亲破口大骂的声音和那个男人和声和气劝架的声音。

我的眼泪不争气地滑进漆黑的房间里，我满腹委屈地开始向刺猬倒酸水。

亲爱的刺猬：

此时此刻，你在干吗呢？我现在也真的和你一样好怀念小时候的好。在还有爸爸的时候，我和爸妈总是在每一个春天去捕捉有霓虹裳的粉蝴蝶，在每一个秋天去追每一只点水的蜻蜓。但是现在，爸爸没了，妈妈也要没了。

我的妈妈说是面包店忙不过来，要找个糕点师傅帮忙打点生意。当我看到妈妈和信叔其乐融融地在吃饭，我为什么觉得刺眼极了？

是了，刺猬，那个位置不是我爸爸坐的吗？

妈妈不爱爸爸了吗？妈妈也不爱我了，不要我了吗？

海鑫

当我把信件投出去的第三天我才收到久久未和我联系的刺猬的回信。我迫不及待地撕开雪白的信封，打开信，纸上些许白色的梅花，一股青草的香味扑面而来。

亲爱的海鑫：

你的妈妈一定还爱着你。但是她太累了，累了大半生，想找一个依靠好让她卸下全副武装的铠甲，让疲惫的身子靠在一棵温暖的大树下休息，甚至像年轻时那样唱一支歌。春夏秋冬，她也想从树上采红色的果子吃。

海鑫，你是个幸运的女孩儿，你一定会很好的。但是我真的不知道怎么办了，我的爸爸不知道去了哪里，他没有癌症，也没去天堂。你说，他会上哪儿了呢？

刺猬

我感到难受极了，我、我的朋友，此刻正遇到我们两个都没有办法解决的问题。这个问题像刺刺球，太棘手了，想抓也抓不住。

我感觉得到刺猬应该也是和我差不多大的男孩子。尽管他并没说自己的性别，但我坚定地认为他是有好看笑容的男生。

可是现在，我们都要失去快乐和笑容了，我们应该怎么办？我应该如何是好？

刺猬在信件里并没有告诉我天堂的也就是他的电话号码，我联系不上他，这个世界想找个“天使的使者”，是多么困难的事情啊！别人只会当你是个疯子，说的是天方夜谭，可我只是个爱做白日梦的青春期小女生。

什么都不会被相信，我感到无力，我觉得我遇上了大麻烦。没有刺猬，我没办法面对突然进入我和爸妈的面包店的信叔！

一连过了好几日，妈妈和信叔好像也没有什么事，但一想到他们俩可能在我看不到的地方卿卿我我，我就像被蚂蚁咬着了一般难以忍受。

信叔和妈的感情就像面包店的生意一样开始“蒸蒸日上”，我再一次和刺猬失去了联系。

尽管我捉弄信叔，在他毛茸茸的鸡窝头上放臭屁虫，拿洗菜水乱泼他，把他的45号大皮鞋藏在垃圾桶里——但一切都表明，这些都是拙劣的小孩子把戏！根本打击不到信叔和妈的感情！

信叔面对我的恶作剧和我“犯罪”被抓到后龇牙咧嘴要打人的模样都是笑呵呵的，永远都很和蔼不会生气的样子。

我唯一知道信叔喝了酒后会长久地沉默，沉默很久。就像是一只刚睡醒的狮子，蕴藏着什么让我觉得危险的力量。

这时候我就站在一旁，歪着头奇怪地看着他，就像看一只外星来的非生物体，而且这只非生物体的年龄绝对可以用古董来定义。

信叔呢，看到我站在一旁就扯出所谓的安心的微笑，拍拍我的头，说，海鑫，想吃酒心巧克力吗？是进口的哦。

我推开信叔的大手掌，厌恶地跑回卧室，信叔的口气和动作让我感觉自己像个小屁孩儿。这点让我很不满意。

第二天信叔就好像什么事情都没有一样，我不去理他，他也不会来和我说话，我们各走各的路，就算是在一个屋檐下，喝凉水睡大觉都不碍着对方。

信叔开始在院子里种转日莲，转日莲在春天钻出泥土，翠绿得像是一只只清凉的小西瓜。我知道这样形容很奇怪，但不自觉的，就以为那转日莲的叶像清凉的西瓜。

夏天的时候我总会在转日莲下打瞌睡，偶尔会有几只七星瓢虫和夹竹虫光顾我毛茸茸的碎发，它们大多是从圆圆大大的叶子上滚下来的，胖乎乎的。

我想到了鲁迅的后院，还有萧红的《呼兰河传》。我觉得我好像和班上天天挂着企鹅，电脑、饭桌、床铺三点一线的同学们不大一样。

这时候我会想到刺猬，我想过无数种可能，也许他在远方，也许就在这座小镇上。我们都有个院子，都喜欢看天空看太阳。

我也开始跟在信叔的屁股后面，连自己都没有意识到自己成了他的小尾巴，又短又小的尾巴。

但无可否认，信叔会做很多有意思的事情。比如说，信叔会去小镇的山坡上采蕨菜，蕨菜绿油油地挺立在小山坡上，尖头儿像是小时候吃的大大泡泡糖，总是卷出小钩子来。

他还会在雨后天晴去摘湿漉漉的地衣，地衣炒肉丝，清清爽爽的一盘菜；有时他也会捉一只白玉蜗牛给我耍，他知道蜗牛吃糖，我却喜欢和他对着干，撒一把盐喂蜗牛。蜗牛过不了几天就逃回家了，我想着是信叔把它放了回去，不然它会死掉的。

信叔还捕小鱼，日薄西山的时候用自己编的墨绿色的网网起一条条银色的小鱼，小鱼跟银色的元宝似的。

于是，在采绿油油蕨菜的时候，我问信叔："蕨菜为什么光溜溜的，它不穿衣服吗？"

在抓白玉蜗牛的时候，我对信叔说："蜗牛视力不好，它怎么爬回家？每次，是不是你给放回去的？要不然蜗牛难道还可以自己咕噜咕噜滚回去呀？"

抓小鱼的时候，我自以为是地说："小时候我洗衣服，用大木桶一捞就都是鱼苗。这些鱼苗可灵活呢，稍一不留神就跑到河滩里去了。你知道有多少鱼苗吗？对！就是有西郊菜市场一天卖的鲤鱼那么多，如果我把这些鱼养起来，大鱼生小鱼，小鱼又长大了，又生小鱼，你瞅瞅，你算算，得多少鱼啊？不是我说，绝对比你捞的这些鱼多了去了……你说后来啊，后来，因为我看小鱼实在可怜就给放了……"

没过多少日子转日莲就转出金色的大大的盘，我猜里面都是饱满香甜的葵花籽。偶尔我会发呆想想许久未和我通信的刺猬，每当这时信叔就会过来拍拍我的脑瓜子，笑着问，"鬼灵精，想什么呢？"

我耸耸肩，说没什么，于是信叔就在他的大口袋里掏啊掏，掏出一颗蓝色锡纸包着的酒心巧克力给我吃。

这时候妈妈喊我们回家吃饭，我和信叔坐在饭桌上，饭桌上有妈妈爱吃的素菜豆腐，有我爱吃的糖醋里脊，还有信叔必不可少的二锅头。有时候我觉得，晚餐也是很温暖的东西，就像是生活的七彩元素，少不了的。

信叔还没有和我妈在一起，尽管他常来我家里，却总是睡在面包店的小隔间里。于是我问信叔："信叔，你要和我妈结婚的吗？"

信叔只是展开温厚的笑颜，讲："你说呢？"

我撇撇嘴角，铺开紫色的薰衣草信纸，开始写长久以来一直没有写出去的第五十一封信。

亲爱的刺猬：

你到哪里去了，我怎么也找不到你？

我现在过得不错，面包店的信叔不像坏人，他对我和妈妈都不错。他以前在邮局工作，我猜想他也是天堂的邮差，搞不好你们还认识呢。

我想我有点儿喜欢信叔了，而且信叔从前做的工作总在不觉间让我想起刺猬你。

不过我猜想信叔看起来也老大不小了，很有可能会有个儿子女儿什么的。我现在很苦恼，我应该让信叔和我妈在一起吗？如果在一起了，我随时都可能冒出个兄弟姐妹来。

海鑫

可有时候，当你在犹豫是要摘果子收到仓库还是继续把果子留在果园等着有了香气再摘下来的时候，它们其实就已经呼啦呼啦地滚得满地都是了。

在我的信还没寄出去几天，信叔就开始越来越长久的沉默，他不喝酒也是这样的，也不会给我酒心巧克力吃了。妈妈和信叔开始相对而坐。信叔抽着用我的数学簿卷起的烟草，烟圈调皮地在黏稠的夜色里钻来钻去。

妈也不说话，信叔也不说话，但他们好像都心知肚明似的，什么都不用说，大家都已经明白了。

我模模糊糊地记起信叔那天在我家古董绿色电话机里接到个电话，那个未知的电话把信叔弄得沉默不语，一句话也不想讲。白玉蜗牛都跑光了，再下雨信叔都没去抓过。

我隐隐约约地知道，信叔家里出事了，信叔的儿子出事了，信叔，要走了。

而且这一走，可能就再也不回来了。

信叔和我讲："海鑫，你知道吗，我有个儿子。"他说，"他把腿摔断了。"

信叔还讲，"刺猬希望我回去。"

我见到刺猬的时候，讲不清是什么心情。熙熙攘攘的学校门口，信叔提着黑色行李站在我身旁，一个穿棒球夹衣的少年三步并作两步朝我们大步走来。刺猬的头发直挺挺地立在他的脑袋上，单眼皮，气质凛冽纯粹，干净得像是农夫山泉。

是的，当我听到信叔说到刺猬的时候，我条件反射地执意要跟着信叔回他家，尽管这让信叔和妈很难办。

现在，我终于站在了刺猬的面前，我觉得他用那熟悉而又清凉的目光盯着我看了，尽管我们之前并未见过面，但我一个爱做梦的十五岁的小女生却执意认为是如此的。

想了这么多，我正想着怎么开口介绍自己，并确认他是不是刺猬的时候，信叔满是疲惫地开口了："张嘉译……你不是说你腿断了吗……"

听到信叔充满疑虑的声音，少年或者说张嘉译无所谓地耸耸肩说，"是啊，在学校打篮球扭到脚了，校医恐吓我说再打下去就断了。"

气氛一下子沉默了下来，空气里像是要飘出小小的雪花。我尴尬地搓搓手背，犹豫不决地问张嘉译："张嘉译，我是海鑫，乔海鑫。你，是不是……刺猬？"

张嘉译忽然清爽地笑了，就像是绿色的风呼啦啦地吹过，开出一朵朵清丽的小蘑菇。他摸摸我毛茸茸的头发，说："是啊，海鑫小姑娘。"

我心里忽然就重重地松了口气，压在心口的那块石头没了。

刺猬带我走遍大街小巷，最后送了我一条针织的红色围巾。他说晚上冷，多戴着点儿免得感冒，他还给我买了香草冰激凌。

我想刺猬真傻，张嘉译真傻，大夏天的哪能冷啊？但我还是大汗淋漓地戴着红色围巾，舔着薄荷绿的冰激凌，独自一人北上离开了有刺猬的小城。我回去了，没有信叔。

不久以后，我还是那个乐观向上以为好死不如赖活着的二货乔海鑫，我坐在原木的桌子上，闻着好闻的木头屑的香味，拆开了刺猬的第五十三封信。

亲爱的海鑫小姑娘：

虽然我无法给你妈妈一个丈夫，但我可以把我的爸爸借给你。这样，你就也有爸爸了。

刺猬

我转头看向窗外，妈妈正在给转日莲浇水。身后的夕阳像多情的胭脂，她恬静的背影柔和地融入了地平线上那一片祥和的红光之中。

于是我在满是橙子香味的信纸上写下娟秀的字迹：不用了，谢谢你。那么刺猬，我们还是朋友吗？

答案已经不重要了，微风吹过我卷成茉莉花的发梢，我忽然明白，转日莲一直向着太阳不仅仅是对阿波罗对上帝的仰慕，那更是一种孤独的爱与守望。

而寄往天堂的信，会是我们荒芜的田地里，唯一的转日莲。

我看到转日莲还在太阳底下转啊转。

我想，刺猬和妈妈，也都懂了。

头头是道

烛影摇红

1.我家头头初长成

不知道从什么时候起，网上开始流行一个叫“表白墙”的玩意儿，一时间众多匿名表白层出不穷，但因为跟我半毛钱关系都没有，所以我一直把这些表白当笑话看。可当我真看到这样一则像笑话的表白的时候，我的心里还是不免抽了三抽。

“自动化的李头头同学，我不知道你的真名叫什么，但是自从那次听到别人叫你头头，我便从此把你的外号记在心里——一个一米八的壮汉居然叫‘头头’，这让我真的觉得你很萌很可爱，也让我从此忘不掉你。我喜欢你。默默关注你的xy。”

看到这条告白状态，我立马拍桌大喊一声——“呀！”李头头何许人也？那是我孟佳瑜的八拜之交兼青梅竹马，“头头”这个外号还是我亲自给取的，哪个女生这么不长眼，竟然敢在本女侠眼皮子底下进行这么不入流的告白活动？三个字，活腻了！

回想起我和李头头的故事，那简直就是一部李头头的血泪史。李头头原名李泽宇，但是因为他的头占他整个身体的比重略大，所以愣是被我取了“头头”这么一个略带萌感实则搞笑的绰号。我从小就跟头头住在一个院子里，小时候的头头身材略短且四肢干瘦，一副营养不良的样儿。据说头头爸妈对他太过溺爱，却过尤不及，导致他抵抗力特差，大病小病不断。而我是院子里的孩子王，女生的躯壳里装着汉子的灵魂，每天领着院子里的一堆小子喊打喊杀爬上爬下。

记得那天下午阳光正好，我爸妈都不在家，于是我照例呼朋引伴，在院子里窜来窜去。那次我们玩的是捉迷藏，我好不容易才找到一个自以为隐蔽的地方，正准备躲进草丛的时候，一个微弱的声音响了起来——

“你躲在那儿，他们从另一边来很容易就发现你了。你可以躲在墙角那里，那里是个视觉死角，反而不容易被发现。”

没错，在小小年纪就说出像“视觉死角”这种高级词汇的人就是我们的李头头同学，他家住在一楼，他就透过窗户的护栏对我“发号施令”。我按他说的躲在墙角，居然真的没有被发现。于是从那时起，在我们玩游戏的时候，头头就开始默默地充当起类似于军师的角色。后来在我的威逼利诱之下，他也大着胆子从家里偷偷溜出来过几次，每次都跟我们疯得不亦乐乎。也不知道是不是因为整天跟着我们跑跑跳跳，他的身体反而比以前好了些，生病的次数也没那么多了。上小学后他便开始打篮球，慢慢地，那个干瘦干瘦的他居然也变得壮实了起来。不过他在我面前的地位仍然没什么变化，我说一，他不敢说二，毕竟军师的地位永远超不过主公，李头头的胳膊永远拧不过我的大腿。

真正让我意识到头头的变化是在初中的时候。那时特流行一部叫《灌篮高手》的动画片，被里面那个打得一手好篮球的面瘫帅哥流川枫迷得半死的女孩儿可以绕地球三圈。彼时李头头因为打篮球打得勤，个子如雨后春笋般猛蹿，再加上他又有一副具有欺骗性的皮相，除了性格开朗点儿，他简直就是流川枫的最佳代言人。因为知道我跟头头关系好，所以找我帮忙递情书的女孩儿那是一打又一打。当时孟佳瑜的名字在年级里可是一块响当当的招牌，俗话是怎么说的来着，舍不着孩子套不着孟佳瑜，套不着孟佳瑜搞不定李泽宇。可那些做着美梦的少女可能做梦也想不到，她们的情书是被我这样处理的……

“喂喂喂，头头，又到了情书朗诵时间了哈！”我清了清嗓子，挑出一封开始大声朗读起来，“亲爱的李泽宇同学，你就像一颗晨星照亮了我的天空……哎妈，这话说的，太肉麻了吧，为什么是晨星啊？月亮的光不是比较亮吗？算了算了换一封……”我装模作样地挑了一封出来，把它们塞到了头头手里，一边理直气壮地告诉他这封情书不仅字好看而且香喷喷，它的主人一定是个绝世美少女云云，一边回想这封情书的主人昨天贿赂我的巧克力冰激凌还有一个大汉堡，默默地流口水。

2.赤木晴子之路真多艰

就像校花永远配校草，有了李头头这个流川枫，这群荷尔蒙分泌过于旺盛的初中生们便开始马不停蹄地评选起我们学校的赤木晴子来。每天我都能从李头头的那帮损友那里获得第一手信息，然后便跟他们一起投入到热烈的讨论中去，可一直没有结果。直到有一天，我一进教室，那帮家伙一看到我就开始诡异地笑，弄得我莫名其妙。正当我一头雾水的时候，李头头的损友之一，号称“宇宙第一猥琐之霸”的李令洲跑到了我面前，神秘兮兮地揭露谜底：“孟佳瑜，居然有人说你是赤木晴子啊！真是笑死我们了！哈哈哈……”

听完这句话，我的脸色由白变红再变白——这家伙，是拐着弯骂我呢？我脸上挂着笑，伸手揽住李令洲的脖子，用尽可能温柔的声音问道："这有什么好笑的，难道你觉得我不像吗？"

李令洲不疑有他，一边笑一边回答我："像，太像了，也不知道是哪个天才想出来的，我估计他近视得有点儿厉害！"

说时迟那时快，趁着李令洲还没反应过来，我抬起手肘就往他肚子上招呼了一下。李令洲放肆的笑声戛然而止，一边捂着肚子一边瘫倒在一旁的椅子上，还不忘指着我作濒死状："你这灭绝师太……好狠……"话音刚落，他便"咽了气"。

我冲到那帮刚刚还笑得很灿烂的男生面前，挥了挥我的拳头："你们看清楚了，我可是野蛮版赤木晴子！还有，顺便问问，是谁这么有眼光？"

不问不知道，一问还真吓一跳。那个"有眼光的人"正是从一开始就一言不发的李头头同学。我拍了拍他的肩膀，表示对他超乎常人的审美观的欣赏，然后便跟兔子似的窜回了自己的座位上，脸竟然有些红得发烫。

为了不辜负李头头同学对我的高度评价，我决定对自己施行一番惨无人道的改造。说是改造，但毕竟是每天穿校服的初中生，我只好在头饰上下功夫。那段日子，我头上的蝴蝶结是一天一个样儿，今天粉色明天蓝色后天黄色，但是我的改变让这群男生哭笑不得，尤其是李令洲那家伙，更是对我的蝴蝶结展开了一番惨绝人寰的批判。于是，在我的努力过后，我女汉子的形象非但没有改变，反而还多了一个“米老鼠”的外号。得知这一切的时候，就像拍悲剧电影一样，一声炸雷在我身后平地响起，滂沱大雨喷涌而下，淋湿我孤苦而不幸的一生。

受过这次“米老鼠”打击后，我是彻底放弃了“赤木晴子之路”，那些乱七八糟的头饰都被我一股脑儿塞进了柜子里，心血来潮买的几条裙子也被我送了出去，不过头发没有再剪短，一直留了下来。李令洲那几个家伙见我恢复了“正常”，又重新跟我勾肩搭背起来。倒是李头头同学，对我的变化和恢复一直都没什么反应——这让我不由得有些忐忑，是不是他所谓的“赤木晴子”只是一个玩笑？还是我所做的一切，他根本就不放在心上？

真正变得女生起来还是在大学的时候，我读的是一所偏文科类学校，校园里的美女跟海水一样汹涌澎湃。我的几个舍友都不是什么省油的灯，每次看到我一副不修边幅的模样都表示十分恨铁不成钢。在她们的“摧残”之下，我好歹能把自己收拾到一种“不说话别人会觉得我很淑女”的地步。不得不说，面对这种改变，我心里还是挺乐呵的。

于是我就带着这股乐呵劲儿，踩着我人生中第一双高跟鞋跑到了李头头的学校。他的学校H大就在我的学校S大旁边，正宗的理工科大学，李头头曾跟我说他们在那儿就是一堆没剃度的和尚。之前我还不相信，可我走在H大的校园里，发现竟然赚了好几十个回头，这才猛然发觉，这H大男生饥渴之程度实在是令人发指！

站在李头头的宿舍楼下，我保持着一种极其淑女的站姿，一边在心里痛苦地咒骂脚上那双高跟鞋。好在李头头下楼的速度还挺快，正当我准备长吁一口气的时候，痛苦再度来临——这走路可比干站着还难受！走了小半会儿，李头头终于从我一步一停的样子中发现了不对劲儿，他停了下来，一双好看的眼睛里带着疑惑："你怎么了？"

"没，没怎么，咱们走吧。"我几乎是咬着牙说出了这句话，足尖传来的痛感让我觉得再走一步就会哭出来。李头头盯了我一会儿，突然弯下了腰："上来吧，我背你。"

"啊？"听到他这么说，我倒是一下子愣住了。见我没反应，他又催了两句："傻愣着干吗？一看就知道你是穿了高跟鞋走不动了吧？再不上来可没机会了啊。"

直到趴在李头头的背上，我才发现他的背其实挺瘦的。我把头低下去，有些不好意思地笑道："嘿嘿，怎么每次想改变一下形象都不成功呢……真是丢人啊……"

"为什么要改变形象？"李头头的声音从前方传来，音质纯净，带着少年特有的磁性，像风拂过草原一样好听。

"因为……"犹豫了半天，我还是把这个在心中尘封多年的想法抛了出来："你说过我像赤木晴子，我想变成……真正的……那啥……”好不容易才鼓起的勇气还是没坚持下来，我的声音到了后半句已经变成了蚊子般大小。本来以为李头头会笑我，可没想到他认真地想了想，半晌才开口：“其实在我心中，你就是独一无二的孟佳瑜。做你自己就好啊，不用刻意去改变的。虽然……今天穿得也挺好看的。”

不知道是不是因为夏天的傍晚，连风都带着热气，吹得我的脸红扑扑的，我暗暗地对自己说，一定是太热了，可不知道为什么，我的心“怦怦”地快了好几个节拍。

3.我的声音在笑，泪在飘，电话那头的你可知道

上大学后没过多久，我就跟李头头和他那帮大学同学混得像全熟的牛排一样，往他们学校跑的次数比自己上课的次数还多。一下子就快到期末了，H大作为一所学霸层出不穷的理工科大学，自习室、图书馆什么的早在半个月以前就被全部占满。我看着李头头他们几个大老爷们儿每天为了占座早出晚归眼圈发黑，只好大手一挥——来我们学校自习吧。S大没别的特点，就是学风不盛，不到期末考试最后几天，图书馆和自习室就跟和尚庙里卖梳子的店铺一样门可罗雀。就这样，我带着H大的几个“俗家弟子”占领了S大的图书馆一角，每天陪着他们从早八点到晚十点奋斗在前线。跟这帮人一块儿自习了大半个月

之后，我对李头头那点儿小心思已经被他们看得一清二楚——我的心里更多的是几分窃喜，俗话说得好，攻克一个男人，最重要的是攻克他身边的那帮男人。既然已经取得了初步胜利，那我接下来要做的就是再接再厉。不久就是圣诞节了，我当机立断，决定要给自己创造一个大好的机会。

在我又担心又期盼的心情中，圣诞节终于到了。事先从李头头的舍友那里了解到，李头头这天晚上会去他们学校的报告厅看演出。晚上七点左右，我就打扮得花枝招展准备往他们学校跑。可是半路上突然收到一条信息，我一看，是头头发过来的——“佳瑜，你现在能帮我个忙吗？帮我去买一束白玫瑰，绿色纸包装的，十一朵，帮我送到我们学校的报告厅来，尽快！拜托了！”看这火急火燎的语气，我撒丫子就往学校周围的花店跑。可是今晚正好碰上圣诞节，我跑遍了周围的花店，才发现白玫瑰居然早就被订光了。无奈之下我只好跑到离学校比较远的一家大型花店，没想到那条路最近在翻修，挖了个大泥坑没填，白天下过雨，我急着赶路又没注意，一不小心就摔了进去。从泥坑里爬起来的时候我从头发到脚底全都湿透了，还沾上了不少湿泥，但一想到头头还在等我的花，我只好咬咬牙，以这身惊世骇俗的造型跑进了那家大花店。买到花后我便马不停蹄地往回赶，终于再次以奇葩的造型跑到了H大的报告厅。头头一看到我便愣住了，问道：“你怎么啦？”

我这才腾出手来拿出纸巾擦脸：“没事儿，刚刚不小心摔了一跤。你快拿着花进去吧，不过……这花是送给谁的啊？”

李头头笑了笑，伸出一只手揉了揉我的头，我长舒一口气，可气还没出完，李头头就又给我丢来一个晴天霹雳：“是我喜欢的女生。她今晚表演，所以我想送束花给她。”

“哦……哦……那……那你先进去，别错过了，我……我还有点儿事，我先回去了。”这时候的我已经处于一种呆滞的状态，完全不知道自己是怎么跟头头告别然后又走回宿舍的，我只知道一路上我的脑子里就充斥着那家花店店主跟我说的话——“小姑娘，十一朵花代表的意思是一心一意哦！”一心一意……现在这四个字就像四个接连而来的巴掌，扇在我本就狼狈不堪的脸上，一路痛到心里。我想到这些天来的期待，我想到今晚接二连三的倒霉和辛苦，我想到头头看到我一身污浊却顾不上多问几句，我想到他说要送花给那个女生的开心样子……一下子所有委屈都涌了上来，眼泪一颗一颗往下掉，顺着北方的寒风一起在我的脸庞上呼啸，回到宿舍的时候，整张脸已经被冻得又痛又僵。宿舍里的姑娘们都约会去了，一个人都没有，我裹上被子，哭着哭着竟然就睡了过去。

第二天早上我被电话铃声吵醒，睁开眼睛的时候发现眼皮好像黏在一块儿了似的，重逾千斤。我看了看手机屏幕，是他。

“喂？”我刚开口，才发现自己的喉咙有些嘶哑，鼻音也重得很明显。

“佳瑜，告诉你一个好消息！”头头在电话那边的声音充满兴奋，却像一盆冷水当头浇了我一身。

“哦？有什么好事？”我勉强打起精神，把自己的声音控制得听起来很高兴。

“你出来就知道了，下午有空吗？我们见一面吧，我到时候告诉你！”我本想拒绝，因为我已经猜到了是什么“好事”，但是我是还抱着最后一丝希望，希望我的猜想不是真的。

下午到了约定的地点，头头已经等在了那里，我看到他是一个人，心里突然涌上两分窃喜，便带着几分雀跃朝他走了过去。

“说吧，什么事儿？”

“你的眼睛怎么了？”头头却没有回答我的问题，只是盯着我的眼睛看了好半天。

“哦……没事儿，昨晚睡得不是很好。”虽然有些心虚，但是突然发现他还是关心我的，心情一下子便好了起来。“对了，到底什么事儿让你嘚瑟成这样？”

“对了，我正要跟你说……”突然头头看向我身后，笑容满面地打招呼：“来啦？这儿！”

我顺着他的视线回头一看，来的是个女生，长发飘飘，温柔可爱，笑起来两颊上还有浅浅的酒窝。那女生看到头头眼睛立马亮了起来，然后眼神在我身上停了停，绽开一朵温柔的笑。

“佳瑜，这是我女朋友，薛媛。媛媛，这是我从小到大的好朋友孟佳瑜。”李头头这话刚一出口，我的心里便一紧，但是随即又松了下来——该来的总是会来，既然木已成舟，那就只有接受。

“佳瑜，早就听头头说过你了，今天终于见到了。”薛媛笑得一脸羞涩，像含羞的芙蓉，光华灼灼却又带着恰到好处的含蓄，令人一看便觉得十分舒服。听到她一口一个“头头”叫得熟络，想起以前这个名字是我的专属，我心里便满满都是苦涩。但我也只好挂着笑回道：“这小子动作倒是快，你们俩是什么时候在一起的啊？李泽宇这家伙可是半点儿口风都没露，藏得够严实的。”

听到我这一问，薛媛的脸又红了红：“说起来其实还是我主动的，自从我见到他之后就一直念念不忘，后来一时冲动……在网上的表白墙发了信息，也不知道怎么的就被他知道了，后来才慢慢有了交集。昨天晚上我在报告厅表演，他给我送花，然后就跟我表白啦。”

等等，表白墙？我心里一动，难道……“你就是那个xy？”

“啊？原来你也看到过？”薛媛瞪了瞪眼睛，但随即又调皮地吐了吐舌头："不管怎么样，我最后还是抱得'美人'归了！"

听到薛媛这么说，我只觉得造化弄人。可还没等我伤感完，李头头却突然开口了："佳瑜，你也得赶快找个男朋友啊。不过你得把你那形象改改，看看我们媛媛，这才是淑女风范。你再不把你那假小子气息改改，只怕……"

李头头后面说的什么，我已经完全听不下去了——此时怒火已经燃烧了我所有的理智。我"腾"地一下站了起来，"李泽宇你够了！你愿意找淑女你自己去找，我是什么样关你屁事？别以为你认识我久一点儿就可以对我指手画脚，我告诉你，我孟佳瑜不需要！"

李头头好像也有些生气，冲着我微微拔高了声调："孟佳瑜，你这是干什么？泼妇骂街？我只不过说了两句实话，你至于吗？"

"至于……至于？"从来没见过李头头发火，我先是愣了一下，但随即觉得怒火更甚，"我告诉你，就至于！你既然不喜欢我这个假小子不喜欢我这种泼妇你干吗一直对我那么好？是谁说我不需要改变只需要做自己？你为什么要害我喜欢上你！还有你明明知道我喜欢你，你还要我去买花送给你喜欢的女生，你有没有想过我的感受？我都已经把尊严送到你脚下了，你还要怎么样？不，我今天应该感谢你，要不是今天，我还会一直陷下去。李泽宇，我告诉你，我讨厌你，希望你再也不要出现在我面前了。"

说完，一滴眼泪顺着我的脸颊滑了下来，苍白又无力。我狠狠地抹掉了它，头也不回地走了出去。

但我没想到，我那最后一句话，竟然真的成了谶言。

没过多久，我就听到了李泽宇出国的消息，听到这件事的时候我还在跟别人谈笑风生，似乎那就是一串不相干的杂音，但我心里知道，那几个字踩在我的心里，留下的影子越拖越长，仿佛见证着我们之间的渐行渐远。

妈妈的梦想

骆　阳

秋收过后，妈妈安排好家里的杂事，便独自坐上了开往北京的火车。她带了七八个大包小裹，毛葱、柴鸡、笨鸡蛋、大酱、大煎饼等等，乡下的土吃食样样齐全，衣服、鞋帽寥寥几件不知塞在行李的哪个角落。

姐姐提前在商场里给妈妈找了份保洁的工作，妈妈一落脚，一天没歇就上了岗，哪怕进京前前后后折腾了将近三十个小时。

我在县城读高三，学习也不见得有多用功，但却总是想不起给妈妈打个电话。学期末，我收到了某写作比赛的入围通知信。我在大街上高兴地哭了，给姐姐打电话说下个月去上海，顺便去北京看她和妈妈。

到了北京，我去了妈妈工作的商场。妈妈看到我很高兴，却还硬要掩饰。没等我开口问，妈妈就说她的工作一点儿也不累，看到哪里脏了擦一下就行。

妈妈休息的地方在商场二层的一个小屋子里，屋子里除了一个大铁桶什么也没有，跟我想象中的完全不同。我之前觉得休息室里至少应该有椅子和饮水机。妈妈指着角落里的铁桶跟我说，实在无聊了就坐在上面“杀”一会儿西瓜。

在休息室待了一会儿，妈妈说要带我去一楼看个人。我很纳闷，也很好奇，于是跟着妈妈去了一楼。商场一楼陈列着各式各样黄金珠宝的柜台，妈妈走在前面，每走几步就要停下来指着柜台里的物件跟我说多么漂亮。妈妈这一举动，让我感觉很丢面子，我低着头走路，尽量与妈妈拉开距离。

在一楼左拐右转一阵子，妈妈终于停下来，指着十米开外的一个女人说，就是她前几天骂我。那个女人是卖首饰的，看起来三十几岁的样子。

我问妈妈那个女人为什么骂人，妈妈告诉我说，就是因为她在卫生间误用了那个女人的香皂。妈妈还跟我说，受委屈的那天她回家没跟姐姐说，是后来几天姐姐看她一直不高兴才问出来的。

姐姐知道这件事后，带着她的好闺密去商场找经理理论，让那个女人给妈妈道歉。姐姐北漂十年，曾经也受过很多委屈，深谙有冤必申之道，不顾形象地在商场闹了一场。姐姐的闺密也不是个善茬儿，两个人一唱一和终于让那个女人给妈妈道了歉，就连商场经理也跟着连连赔不是。

而当我对妈妈说姐姐干得好时，妈妈却望着那个女人说这样做是不是有些过了，一样是出来打工的，都不容易。

见过那个女人之后，妈妈又带我回了休息室。妈妈拿出她的手机让我帮她看看，她说最近手机总是卡顿。我接过一看，手机相册里满是商场出售的服装的照片。我觉得那些照片没一张有用的，就一股脑儿全给删了。然后我把手机还给妈妈，跟她说手机好了。

接着妈妈又带着我去看商场里的服装。妈妈像一个导购，跟我说这件衣服多好看，那件衣服多贵。她还跟我说不要看那些衣服成千上万贵得离谱，还真有很多人买的。我有些不耐烦，就先回家了。

晚上妈妈回家时问我相册里的照片怎么全没了，我说太占空间全删了。妈妈的脸拉下来，责备我随便删她手机里的东西。我没好气儿地跟她说："照那些个破衣服有什么用。"妈妈没再说什么，转身进了厨房。

我不能理解妈妈照那些衣服干什么，总感觉她傻傻的，有时候我甚至怀疑她是不是快得老年痴呆了。

离开北京动身去上海的那个黄昏，红彤彤的夕阳气势恢宏地挂在天边，所有的建筑和街道融进了一片暖黄。人来人往，车水流光，这样的城市似乎永远精彩纷呈。我置身其中，感觉很奇妙，像是在做一个漂亮的梦。我心中充满了斗志，我感觉我离自己的文学梦越来越近了。

妈妈下楼送我，穿着一件破旧的小棉袄 。和妈妈分开后，我走了一阵子，回头看了妈妈一眼。

她依然站在刚才我们分手的地方默默地望着我。那一刻，我感觉她的身材似乎很瘦小，她的头发似乎很稀疏，她的肩膀仿佛变窄了。

我转过身，鼻子一酸。

我努力了两年终于得到了一封写作比赛的入围通知，而妈妈辛勤了半辈子，却仍旧没有得到一件体面的漂亮衣裳。

冬雪不负你的眼角眉稍

喵掌柜

1. 点赞头条

周程程怎么也想不到，再次见到林放时，她正像个气球一样挂在树上。

她身上那件白底粉花的毛衣从后颈开了线，刺啦啦顺着树枝钩出去好远，一部分随着风在下面飘荡，另一部分死死缠在树枝上让她动弹不得。保安在下面狂喊：“这位同学，你快从树上下来，逃课翻墙可是要记大过的！”

周程程欲哭无泪，树干摇摇晃晃，下一秒不知道会被撑断还是让她继续这么挂着，总之两个结果都不太好。树下已经围了不少人，她几乎能够预见未来几天朋友圈里的点赞头条。

保安情急之下找来了学生处，周程程可怜巴巴地向下看去，刚好看到林放皱着眉望过来。

这样的角度不常见，林放额前的头发遮住了浓密的眉毛，一双眼睛眯成了好看的模样，周程程努力伸了伸爪子想求助，就见林放突然挽起了袖子。

她直觉大事不好，周遭人群退了三步，林放一声不吭地踹在树干上。

周程程一阵头晕眼花，突然听到身后刺啦一声，缠在树上的毛衣裂开了个口，她张开嘴来不及尖叫，整个人顺着树干朝下面坠去。

周遭一阵惊呼，这电光石火的瞬间，周程程只觉得被人用力一拉，整个重心依靠在一个人身上。手臂紧紧抓住那人，连带着她来不及合上的嘴巴猛得朝前一磕。

整个世界像是转了好几个圈，周程程后来回忆起那天，仍觉得一阵头晕目眩。目光所及是失控的树叶在哗啦啦作响，一丝丝日光的缝隙恰好落在林放脸上——以及他的额角，被她啃掉了一块肉，整个人面目狰狞，鲜血直流。

2.全民检讨会

再见面是在周一的升旗仪式上，周程程拿着检讨书站在升旗台上做检讨。

台下的人忍住笑，周程程读得声情并茂，抬眼看到林放站在升旗台的左边，额头贴着一个蠢萌的卡通创可贴，使整个人看起来很可爱。

这世界上总有人有这种魔力，让千百道视线凝固成一个点。

周程程忍不住多看了几眼，林放耳朵里塞着耳机。离他不远的七班在集体冲着她挤眉弄眼，每个人脸上都是一副“我们懂的尽管加油”的表情。

周程程一阵凌乱，自从上次球赛之后，整个市三高都知道了她对林放的狼子野心。周程程虽然呆头呆脑，追起人来却毫不含糊。一路摸爬滚打死皮赖脸，无奈林放始终一副雷打不动的样子，连那次大无畏的告白也错过了。

她的内心在郁闷，这么多年过去了，就算没有感情至少也能发展出友情了吧，为什么林放就是这么清心寡欲呢？

班长对她竖起大拇指：“这招够狠，直接让林放破相了。”

周程程手忙脚乱地解释，台下突然安静了不少。月考第一名讲话，不出意外地又是温凉。周程程看着她，心里想着怎么有这种人呢，是学霸还长这么好看，据说家境也不太好，这种丧尽天良的设定简直完全符合了电视剧女主角的身世。林放将耳机摘下来，终于抬头看向了升旗台。她心里一窒，想起球赛那天的晚上，昏昏暗暗的路灯下面，分明是他和温凉两个人的身影。

周程程叹了口气，一切巧合仿佛都是为了告诉她一个残忍的事实。她甚至想，还好林放当时没在场。

3.吃干抹净

周程程第一次遇见林放的时候，还以为自己看见了神童。

那时候十二岁的林放正在客厅打电话，嘴里叽里呱啦说着鸟语，周程程是学过英文的，却一个字也听不懂。

后来她才知道，电话的那边是远在德国的林爸，趁着去德国工作的机会督促林放学第二外语。

周程程跟着周母坐在林家狭小的客厅里，林妈热情殷切，端来水果和热茶，甚至把林爸寄来的德国饼干全部拿出来堆在她面前。

两家的大人在谈公事，两个少年面对面一言不发，周程程想说什么，都被林放充满敌意的眼神给吓退。他对自己母亲过分殷勤的态度不满，同时对周程程抢了自己藏了许久舍不得吃的饼干满心不甘。

周程程边吃边承受着林放那瘆人的目光，她很想问问林放，真那么饿的话，为什么不和她一起吃。

第一次并不愉快的见面似乎预示了周程程往后坎坷的暗恋之路，那时候尚且不谙世事的她并不了解大人世界里的阶级和对立，周妈是林妈的顶头上司，林家过得并不轻松，林妈要照顾林放，还要供应远在德国的林爸。

再见面是小升初的开学仪式，林放作为入学前十接受奖章，白花花的衬衣将他整个人映衬得像是要发出光来，周程程和台下数千颗脑袋一起仰着脸看他，林放绷着脸，丝毫没有欢喜的样子。

仪式结束之后周程程被派去领课本，学校后面是一片人工湖，她远远看到湖边有个沉默的影子。

周程程直觉那是林放，心跳不由自主地加快起来。她故意绕了远路，走到湖边的柳树下时，那影子已经消失了。脚底有东西硌了一下，一块金灿灿的奖章丢在草丛里。周程程拨开泥土捡起来，凸起的地方印着“林放”两个字。

站起来重新往教室走，书本摞起来几乎挡住视线，周程程用下巴按住书页，身边突然伸出一双手，替她拿走了一大半书。

她抬起头，不知从哪里冒出来的林放一言不发地将她送到教室门前。

周程程想说声谢谢，林放已经先行走开。周程程后来才知道，林家的故事最后走了俗套路线，做了三年研究的林爸最终再也没有回来，并在国外娶了一个金发碧眼的女人。而开学那天，林放刚刚得知了这个消息。

少年时期父亲的存在是一种无可替代的伟大，林放却被硬生生掐断了这些美好的崇拜。

周程程将刻着林放名字的奖章丢进饼干罐里，她想她和林放果然是孽缘，两次见面都在这么不愉快的故事背景下，她还吃干抹净了林爸给他的最后的礼物。

4.自导自演

这之后她对林放总是有一种莫名的在意。

人一旦有了某种念想，便能和另外一个人扯上千丝万缕的联系。

林放在隔壁班，体育课时周程程在排球场，抬眼就能看到篮球架下，隔壁班的男生排队做投篮练习。

周程程每节课都在寻找偶遇的机会，以改善她在林放心目中恶女的形象。

排球场上常常有教练的大骂声："周程程，你眼睛长在后脑勺吗，为什么不专心接球？"

周程程捂着被排球砸中的鼻子一脸委屈，捡起球扔出去，对面的人突然指着她的脸大叫："血……流鼻血了！"

周程程感觉胸前啪嗒落了两滴，白T恤立即有了两个红点。这边的惊叫声还未落下来，篮球场上又传来一声惊呼。

那个没有被对方接住的球飞到了篮球场上，恰好绊倒了助跑投篮的林放。

周程程两眼直放光，这个难得的时刻终于被她等到了。她顾不上自己的状态，甩着两条鼻血就冲着林放跑去："有没有受伤？"

她的鼻血哗哗流，胸前血淋淋一片，这么触目惊心的场面把林放吓蒙了，一把将她拽去了医务室。

也不知道是谁帮谁，两人一个等血液回流，一个崴着脚敷冰块。周程程鼻孔里堵着纱布略显尴尬，林放坐在一旁一言不发，眼看着情况几乎又要回到初识的那个下午，她忍不住解释了一下："那球我不是故意的。"

"嗯。"林放应了一声。

"还有，我平常没这么晦气的，怎么每次见你都……"

"嗯？"林放微微愣了一下，周程程心里一顿："你该不会是……根本不记得我吧？"

林放老老实实地点了点头。

周程程整个人被雷劈中了一样，想来也是，林放第一次只是恶狠狠地盯着饼干看，第二次只拿了书本，这中间从头到尾，他都没有对她说过一句话。

这期间他的不甘和委屈，破灭和失去，她都没有参与进去。她不过以一个旁观的姿态，在自己的剧本里演了一出故事。

5.盲流市场

市三高的七班一向被称为全校盲流的聚集地，大多数是和周程程一样脑袋不灵光的人，难得每人都有一两个特长，学校便设立了传媒班，也算是为升学率做一点儿贡献。

午休时摄影小组外出采风，秋末的光线带着隐隐的温热，落在皮肤上仿佛有了实实在在的触感。

周程程仰起头眯着眼睛，倚在树下偷懒。耳边“咔嚓”一声轻响，她睁开眼睛，四周人来人往，来不及捕捉的视线里，有个高高瘦瘦的影子正朝教室走去。

那是化成灰她也认得的背影，只看一眼心脏就扑通直跳。周程程眼看着林放走进班里，教室门前温凉正抱着一摞书和他打了个照面。

她心里一顿，林放果然停下了脚步。周遭的风吹得树叶沙沙作响，光与影的交织里，他们组成了最美好的画面。

周程程的手指慢慢收紧，耳边一个声音幽幽地传过来。

“学霸女神要转班了。”班长和她看着同一个方向，一双眼睛里几乎要射出激光。

“什么？”周程程没有听清楚，班长给了她一个意味深长的眼神，人已经朝着教室飘过去。

周程程走到教室门前已经听到闹哄哄一片，推开门看到温凉赫然坐在最后一排的位置，冲她点了点头："新同桌，以后多关照。"

周程程愣了愣："嗯嗯，关照……"

温凉毫不客气地丢给她一摞书："那就帮我整理一下吧。"

周程程呆头呆脑地接过来，突然觉得哪里不对："你怎么转来这里了？"

"哦，突然觉得有兴趣了。"温凉敷衍得毫不掩饰，末了冲她微微一笑。

6.球场意外

温凉的到来给七班男生带来了改头换面的动力，甚至连体育课都上得比平时认真。

网球场上个个都卖力挥着球拍，网球落得满地都是，谁也没看球，球场上最重要的还是脸。

一节课结束满地狼藉，温凉恰好是收拾的那个。所有男生都蠢蠢欲动要帮忙，教练也格外开恩："让周程程留下吧。"

周程程刚想婉拒，就见温凉冲她笑了笑："那就拜托了。"

捡球捡到头晕眼花，再一抬头，温凉早就没了人影。周程程整个人坐在地上欲哭无泪，心想全世界大概再也没有她这样的怂包了。

身后一瓶水丢来，班长在场外招呼："去吃饭。"

周程程刚出去就看到林放远远走来，额角那个明显的牙印还留着。他随口问了一句："温凉和你同班？"

这是平常惜字如金的林放主动开口问的第一句话，却是关于另一个人。

周程程因为这个疑问句整个人都蔫了，坐在大排档里无精打采。班长在一旁语重心长："人家姑娘都是外表是女生，内心是汉子，你这明显长反了。比如上次的球赛，你表现得这么豪迈，是谁不躲得远远的。"

周程程想起那个惨不忍睹的场面，扑在桌子上直哼哼。

告白是在学校的秋季运动会上，周程程在田径场做广播。

八百米的项目迟迟没有结束，她却一颗心留在体育馆的篮球赛上。休息的间隙，周程程溜进了体育馆。

球赛已经接近尾声，林放在场上矫健如同一头鹿，抢篮板带球上篮，周程程忍不住举起双手欢呼，却发现她站到了对方的阵营里。

这声欢呼引发了对方的不满，台下阵营纷纷揭竿而起。女生信奉的哲理是，不管比赛结果如何，一定要在气势上压倒对方。

一群人吵得不亦乐乎，周程程深入敌内被当成众矢之的，恍恍惚惚中突然听到有人说了一句："等一下，你不是七班的吗，一班和二班的球赛关你什么事？"

这么一说大家都安静下来，才发现周程程这根搅屎棍根本不属于任何一方。周程程一拍桌子跳起来："谁支持一班了？我支持的是林放！"

这句话说得简单直接，众人愣了愣，场上一声哨响，比赛结束了。

周程程回到田径场，大伙冲着她挤眉弄眼，班长连声感慨："我还是第一次见这种大场面。"

她一头雾水，班长善意地指了指领口，麦克风忘记摘下来，用手拍一拍，头顶的音响里立刻发出"噗噗"的回声。

她在整个田径场直播了这场意外的告白，而唯一的当事人当时正在奋力打球，什么也没有听到。

周程程想，不知道是林放太走运还是她太不幸，总之这个世界上再也找不到比她和林放更没有缘分的人了。

7.夜市女神

这之后是期中考，周程程和温凉相处无碍。这其中的主要原因是，温凉每天一放学就找不到人影，明明是同桌却像活得有时差。

放榜的第二天，知识竞赛的海报已经贴满校园。周程程看着海报郁闷了，全校最聪明的人里她刚好认识两个。

年级前五都被叫去鼓舞士气，周程程是第六个到的，林放双手插在裤袋里，突然回头向她看过来。

周程程一惊，想起林放背她回家的那天，脸上的血液几乎要凝固。正待胡思乱想着，头顶突然一阵凉风。

她下意识地躲开，一颗粉笔头落在地上，年级主任推了推镜片："你这躲粉笔的功夫要是用在学习上，也不会考成这么烂的成绩了。"

她缩了缩脑袋，主任一脸无奈："你跟他们不一队，你是来面壁思过的。"末了又对众人加了一句，"等会儿让她一个人好好反省。"

周程程像只小鸡缩在墙角，大家陆续散去，林放依照吩咐落锁，周程程可怜巴巴地看着他"咔嚓"一声把门锁上。

林放锁好门，顺手将钥匙丢在了她伸手可及的窗台上。他始终没有看她一眼，周程程想，林放这种人，果然连坏事都做得这么道貌岸然。

从学校出来走过夜市街，满眼烟雾铺天盖地。周程程搓了搓鼻子，抬眼看到烟熏火燎的烤架后面，赫然是穿着围裙的温凉。

周程程蓦地一愣，温凉动作熟练地上菜，看了她一眼："来吃饭啊？"

周程程从惊愕中回过神，走也不是留也不是，干脆挽起袖子："我帮你吧。"

温凉默默看了她一眼，将手里的餐盘递给她。

擦干净最后一个碗，温凉脱下围裙："我下班了，去吃饭吧。"

说完直接拉着她坐下来，周程程感觉人生观接连被刷新了好几次。温凉轻车熟路地摆起碗筷，一脸理所当然："你知道我为什么去传媒班吗？"她的脸上冷冷清清，"因为以我的成绩，进去可以免学费。"

周程程不知道该说什么，温凉叹了口气："不然谁会愿意和一群笨蛋上课。"

周程程吃在嘴里的面差点喷出来："你……也太直接了吧。"

"本来就是。"温凉却没有一丝嘲笑的语气，表情很认真。

周程程想不出反驳的话，突然想起上次在夜市街，林放和温凉站在路灯下的场景。那天聚餐的人里并没有温凉，想来林放那时就已知道她在这里，不由得心里一阵失落。

温凉似乎猜到她在想什么："你知道吗，知识竞赛赢了的话，有两个直升高校的名额。"末了她又给周程程补了一刀，"念同一所。"

周程程手一抖，筷子“哗啦”一声掉在地上。

8.颁奖和“葬礼”

比赛那天很热闹，周程程眼睛直直看着台上，林放气定神闲，温凉老神在在，总之怎么看都是一副志在必得的样子。

十所学校的选拔赛最终只剩下三所，中场休息的时候周程程偷偷溜进休息室，往林放的桌子上放了一瓶水。

桌子上扔着林放的外套，手机在里面嗡嗡响。周程程犹豫了一下，掏出手机，是一条刚发来的短信，陌生号码语气殷切地表达对林放的支持和赞赏。

周程程想了想，直接划开了屏锁。

下半场比赛结束，三中赢得毫无悬念。颁奖时观众掌声不停，与此相应的是周程程在痛哭流涕，有种把领奖当成“葬礼”的气氛。

班长递来一包纸巾：“你这高兴得不太明显啊？”

周程程哭得直抽：“林放……要和温凉……同校了……”

班长一拍额头：“看来我也要哭了。”

林放领奖时被周程程幽怨的眼神震住，面对这副惨样他就算捧着奖杯也笑不出来。

周程程想起初三那年的寒假，她好像也是这么一副表情，死乞白赖地求林放给她补习功课。

她每天跟着他去图书馆，林放看书，她看林放。

林放被她看得心里发毛，她干脆拿出练习册胡乱解题，写得乱七八糟推到林放面前。

林放虽然少见缺点，至少身为学霸的强迫症还是有的。他看到周程程毫无章法的习题终于忍不住圈圈画画，两个人就这样在图书馆里无声无息坐了一天。

周程程在做错的习题下面一笔一画地写："一起回家吧。"

林放突然将练习册原封不动地还回来，收拾东西起身离开。周程程慌忙跟出去，刚走出大门，林放突然对她说："周程程，我妈已经不在你家公司里了，我也没有义务送你回家。"

周程程愣住，她不过是想和他一起回去，却不想得到这个答案。

给妈妈打了个电话，问起林妈的情况，那边只是公事公办地解释："年纪大了不适合那个岗位了。"

周程程挂掉电话，心里想着林放一定是讨厌她的，竟然还能容忍她骚扰了一整天。迷迷糊糊走到林放家的小区，门口的小卖铺里亮着灯，林妈在里面做整理，看到她很惊讶："怎么阿姨刚开张你就来了？"

周程程强颜欢笑，总算是松了一口气。好歹林放的生活还是有保证的，她还不至于害得别人家破人亡。

周程程后来想，林放应该本身就是讨厌她的，却因为家长的羁绊不得不做出回应。而寒假过后，他们之间连那点儿脆薄的牵连都没有了。

9.大雪惊魂

知识竞赛的事情渐渐尘埃落定，临近高考的阶段，所有人都收敛了很多。

周程程每天老老实实去图书馆，准备一月的专业课考试。偶尔透过窗户看到林放抱着篮球从楼下路过，她看得出神，却觉得他越走越远。

这就是现实的残忍，连彼此的距离都划分得清清楚楚。

正待出神，眼前突然重重放下一摞书。周程程抬起头，温凉冲着她微微一笑，她一愣："你不是有直升名额，怎么还来图书馆？"

温凉毫不在意地摆了摆手："名额给别人了，我拿了奖金。"

"哈？"周程程一脸惊讶，温凉摊开书本开始写写画画，"我本来就没打算直升的，林放也放弃了。"

周程程又是一愣，心里像是被什么拉住，放不下却又不敢碰。

寒假来临之前是专业课的考试，整个七班被学校大巴送去了邻市考场。北方的严冬连风都是锋利的，周程程考完最后一场出来，天上下起了今年的第一场雪。

一行人返回学校，路上雪越下越大，积雪结成冰，司机减慢了速度，方向盘还是略有失控。高速上到处都是警笛声，偶尔遇到短时塞车，通畅之后必定能看到拖车拉着撞得零碎的车子往回走。

周程程坐在前面一脸紧张，温凉闭着眼睛睡觉，突然幽幽道："周程程，林放和我在夜市街那天，是因为他发现我在打工，怕我被人瞧见伤自尊。"

车身抖了抖，能明显感觉到车轮在打滑。周程程来不及惊讶，颤声道："你怎么突然说起这些？"

温凉睁开眼睛，认真道："我怕万一以后没机会告诉你……"

周程程扑上去捂住她的嘴巴，车子突然一个急刹车，她尖叫着闭上眼睛，唯一的想法是，就算出师不利，也不能和情敌死在一起。

10.尘埃落定

周程程回到学校的时候，已经是晚上十二点。大巴在高速上行驶了九个小时，总算是有惊无险。

学校门外聚集了焦急的家长，老校长激动得差点儿飙泪。周程程走下车子，先是看到黑压压的人群，路灯早已熄灭，有人举着手机照过来，她挡住被刺的眼睛，突然被人拉到旁边。

周程程只来得及看到一双修长的手，再抬头，林放眼里的着急被掩盖下去，眉毛重新聚在一起："为什么不接电话？"

"手机没电了。"周程程很委屈，林放看了她半晌，突然重重叹了口气，将脖子上的围巾戴在她脖子上，又将手套戴在她手上。

"以后至少先给我打个电话。"

手心和脖子上都传来林放的体温，周遭是在嘘寒问暖的家长们，林放隔着手套拉着她走出人群。

周程程被这突然的温暖惊得不知所措，胸口闷闷的，像是有什么东西要破土而出，她轻声念了一句："林放……"

"嗯？"林放应了一声，周程程却觉得喉咙里涩涩的。她该说什么，这突如其来的温暖，虚惊一场的事故，还是她一整个青春的暗恋。

周程程鼻子一酸，那句话终于说出口："林放，我喜欢你。"

"嗯。"林放低声应着，大雪落在肩头悄无声息，好像整个世界都安静下来。

他突然停下脚步回过头，那双眼睛像是这黑夜里最亮的星辰："我家开的店铺是你妈妈投资的，所以我总觉得跟你在一起有太多的利益纠葛。”

周程程心里一紧，雪花落在鼻尖上，泛起一阵凉意。

林放清了清嗓子：“可是周程程，我要考到南方，你跟我一起去吧。”

周程程愣住，这句话信息量太大，让她一时不好消化。嘴角控制不住地慢慢扬起来，像是连风雪都变得温和起来。

这辗转的时间里，谁来说出第一个字，谁来画上一个句号，谁在眺望风景，谁在原地驻足，好在这场大雪没有辜负了谁。

那天日光明媚的操场，她倚在树旁闭着眼，光和影投射出忽明忽暗的形状。他拿出手机，“咔嚓”一声。

时光从此定格。

我的清晨

郑晓惠

清晨，我们素面凝望着这个世界，这个世界也以他最真实的面孔回望着我们。

天上飘着几朵懒懒得像刚睡醒的云，街上几个路人偶尔走过，鞋子与马路的沙石发生了摩擦，清脆的声音在寂静的街道上可以传出很远，穿过小树，穿过篱笆……河里吐泡泡的小鱼，似乎也听到了这声音，它们警觉地潜游到更深处，躲避路人各种各样的目光。

我坐在阳台上，对着镜子梳理散乱了的长发，不远处，一群洗衣的妇女浩浩荡荡地从四处涌来，提着满是衣物的桶和各种洗衣剂。卖菜的小贩也不甘示弱，他们开着载满蔬菜和水果的三轮车赶往市场。偶尔我也会加入洗衣的人群，但我不单单是洗衣。

清凉的河水流过指尖，凉意继而蔓延，一种清爽的感觉席卷全身，这或许是每个洗衣人获得的大自然赠予的福利。阳光抚摸衣物，散发出淡淡的皂香。而我感觉到河水源源不断地输送着一股无法言语的力量，让我精神百倍。

春天的一个清晨，我拿着一本古文书，跑到家斜对面那棵桃花树下，桃花开得正盛，但我看见了树下的一片片花瓣，粉色中略带点儿红，像桃花树为每个欣赏它的路人铺下的美丽地毯。突然感到一种忧伤，我没能看到最美的桃花树，它的花瓣落满一地我才遇见它。“人面不知何处去，桃花依旧笑春风。”儿时的伙伴如今都已各奔东西，再不复见，谁还会在这棵桃花树下黯然神伤呢？他们追求的是繁华都市里五颜六色的霓虹灯和喧嚣街道上来往的车水马龙。他们不愿回到家乡，他们开始鄙夷家乡的落后了。只有这棵看着我们长大的桃花树才懂得，我们曾经虚掷的时光，是多么的幸福！我拾起一片花瓣，将它夹在书中……

某一天清晨，我独自躺在天台仰望天空。云朵们手牵手聚集起来靠拢在一起，渐渐变成像倒进热水里的面粉揉成一团的模样，又渐渐分成独立的一朵朵。我当时脑中想的那些终究没有留下什么深刻的记忆，记忆深刻的，却是那云卷云舒的苍茫。也许，我内心真正追求的只不过是这一方宁静的天地罢了。

清晨，我一个人拥抱这个世界，倾听自己内心的声音，遇见最真实的自己。

致这世上所有的相遇

致这世上所有的相遇

左 海

钟佳艺：写到墙上的那句话

钟佳艺蹲在草间，狗尾巴草扫着她的小腿，她不耐烦地皱了下眉，扔下粉笔头起身离开。

早已被好些人涂鸦得乱七八糟的墙壁上，重叠交错着好多字迹，潦草或工整，其中有一行是刚刚才覆盖上去的——王琛浑蛋。

沉落的夕阳把天际染成诡谲的红色，草间有一只野猫慢悠悠踏过，傲慢地扬起脑袋，尾巴摆动间不经意地扫到那四个刺目的字。

事件发生在晨间的第一堂课后。

钟佳艺从背包里拿出面包，还没来得及咬上一口，前方有人冲过来撞到桌面，强大的冲击力迫使她身体后仰，面包呈抛物线甩了出去，自身也因为找不到平衡点而摔倒在地。

“小艺你没事吧？”陈琦第一个赶到钟佳艺身旁将其扶起，继而又惊呼道，“亲爱的，这不是你的新T恤吗，这可怎么办。”

钟佳艺扯过衣服埋头一看——好大一块褐色污渍，被打翻的可乐罐子无辜地躺在一边。她忍无可忍，抬头盯上肇事者的眼睛，毫不犹豫地破口而出：“有病吧你！”男生不好意思地挠挠脑袋，丢下句“抱歉”转身跑开。

“王琛……你……”钟佳艺愤愤然指了指男生越来越远的背影，咬牙切齿地吐出一口气。

陈琦坐在一旁劝道：“他那人你还不了解吗，出了名的捣蛋鬼，别生气啦，待会儿请你吃好吃的。”

放学后走在回家路上，钟佳艺垂下眼睑时总能看到衣服上的污渍，想来实在生气，于是来到离家不远的一堵被荒草掩藏的废墙上恶狠狠地写下那四个大字——王琛浑蛋。

回到家，钟佳艺没精打采地趴在书桌前做数学题，小腿发痒，她当时没在意只是伸手抓了抓，写完作业再看时已经红了一大片，还微微肿痛。妈妈说恐怕是过敏，却翻箱倒柜找不出药膏，于是拿了钱递给钟佳艺：“去药店买点儿药膏擦擦，你也正好出去走走。”

“后半句才是重点吧。”钟佳艺小声嘟囔了句，弯下腰去扯运动鞋，“我哪有那么宅，成天想着赶我出门。”

夏日的晚八点有一丝微风，浓郁的香樟树散发出一种独特的清冽味道。钟佳艺和出门遛狗的邻家大叔打了声招呼，又蹲下身宠溺地揉了揉那只纯白色博美的小脑袋：“啾啾啾，小帅哥你好呀。”

“它都六岁咯，是老帅哥咯。”邻家大叔说着话，笑眯了眼睛。

买完药膏往回走，钟佳艺远远地看见王琛走过来。对方笑呵呵地挥手，钟佳艺嫌弃地甩过去一个白眼后把目光移开。

“怎么了你？”王琛走到面前，转身过来跟上女生的脚步。

“您还真是贵人多忘事。”钟佳艺没好气地说。

“早上那事儿我又不是故意的。”男生好像并没有诚心道歉的意思。

“不是故意的就没错了吗？”钟佳艺没想到对方如此不可理喻，说完便加快了脚步。

王琛追上来，语气柔和了许多：“好了好了，对不起行了吧，不就一件T恤吗，赔你就是。”

“那是杨安律从澳大利亚寄过来的生日礼物，意义非凡，不是随随便便再买一件就能代替得了的，不过这种事情说了你也不懂。”不知不觉已经走到小区门口，钟佳艺正准备上楼时听到从身后传来的尖叫。

“我的天，从哪里窜出来的狗！”王琛乱蹦乱跳地躲闪围着他摇尾巴打转的博美。

班里谁都不怕的捣蛋鬼，竟然会怕区区一只小狗。钟佳艺扭过头去，肩膀一抖一抖，回到家实在绷不住，仰头笑出声来。

陈琦：心事不能说

放了假，陈琦和钟佳艺在城市中心疯了一整天，购物、看电影、吃美食，玩得不亦乐乎。回到家洗完澡，又迫不及待地躺在床上煲起电话粥来。

“欸，刚才王琛在QQ上敲我，说好不容易买了件一模一样的T恤给我。”

陈琦在软绵绵的被子上滚了一圈说：“那你就收下呗。”

“我才不要。”好友斩钉截铁道，“他说那件尺寸有点儿大，不过店里就那一件也没办法。”

“难得他那么努力，你就大人不记小人过原谅他好了。”

“可我心灵手巧的老妈早把弄脏的那件洗得洁白如新了，我还要他的干吗。”

挂了电话，陈琦盯着天花板发了好长时间的呆，她好想对钟佳艺说，你不要就给我吧，可终究没好意思说出口。

星期一回到学校，刚走进教室，陈琦就看见王琛穿着那件和钟佳艺一模一样的T恤。她足足愣了三秒，才慌慌张张地从口袋里摸出手机拨出钟佳艺的号码，可一切都已来不及。她看见好友一只脚踏进了教室，班里同学间爆发出的充满八卦意味的欢呼声，她看了看王琛，又看了看不明所以的钟佳艺，埋下头红了眼眶。

仅仅用了半天时间，班里的八卦少女们就把绯闻传了出去，一时间王琛和钟佳艺成了校园里的头版头条。穿着所谓的情侣装的两人也是有口难辩，于是除去上课时间，他们尽量避免出现在同一个场所。

放学后，陈琦和钟佳艺收拾好背包正欲走，班主任李老师叫住她俩："那个，钟佳艺，到我办公室来一下。"他顿了顿，又扭头道，"王琛也过来一下。"

陈琦站在办公室外的走道里等着，她伸着脑袋看了看天，太阳慢慢地落下去了，远处的天边泛起有层次的好看的橙红色。半个钟头后，钟佳艺从门里走出来，黑着一张脸对她说："我们走。"

校园里空荡荡的，似乎每走一步都能听见寂寞的回声。陈琦和钟佳艺一路走着，她时不时回头看一眼落后一米左右的王琛，男生挂着耳机听着音乐，双手插在裤兜里，好不潇洒。

到了十字路口，陈琦和钟佳艺告别，走了百来米才发现好友的手机在自己兜里，于是折回去还，却看到钟佳艺和王琛面对面站着，好像在说些什么。出于好奇，她悄悄地往前挪了几步。

“别生气了，我没想到事情会变成这个样子。”

女生一脸不快，“你故意的吧。”

男生无辜地眨眨眼：“这款衣服本来就是情侣装，这件你穿大了我穿刚刚好，你都说不要了，总不能浪费吧，所以我就拿来穿了。”

“你以后接着穿，我不会再穿了。”女生的语气里有一点儿委屈和难过。

“这么着吧，”男生的眸子明显亮了一度，像是有好点子，“事情已然这样，要不……我们就在一起好了。”

女生怔了怔，眉头皱了又松下，“有病吧你！”说完，她扯紧背包带子走过了转角。男生像是没所谓，耸耸肩朝另一个方向走去。

几步之外的陈琦紧紧握住手机，头埋得很低看不清表情，两滴泪恰好打在了她帆布鞋光洁的鞋头上。

王琛：不经意就错过

刷牙的时候，王琛对着镜子里的自己看了好长一段时间，直到牙膏打起的泡沫填满了嘴巴，才低头漱口。回到卧室犹豫良久，他拉开柜门，把那件情侣款的T恤换了下来，然后对着自己的小身板上下打量一番，心满意足地点点头说：“身材真好。”

虽然和钟佳艺都再没穿过那件T恤，闲言碎语却还是少不了，身旁的哥们儿也时常拿他俩开开小玩笑。王琛不在意，有时还迎合道：“我就是喜欢她怎么样。”于是，又是一阵怪里怪气的欢呼声。没有人知道，这句似是玩笑的话，其实是真的。

听到一首歌会想，她唱来肯定好听。读到一本书会想，她如果写的话会比这更好。看到一部电视剧会想，她说不定就喜欢男主角这种类型。王琛忘了自己是从什么时候开始，会在上课的时候回过头去看看钟佳艺认真听课的表情。体育课后，无数次想买两瓶水，一瓶给她，一瓶给自己，可都忍了下来。

因为，觉得自己是另一类人。他不喜欢学习，上课睡觉发呆，时常闯小祸，和钟佳艺根本不搭。更何况，总听她说起杨安律的事情，虽然不知道那是谁，但从她的表情里能读得到，那一定是一个对她来说特别重要的人。

“事情已然这样，要不……我们就在一起好了。”想起不久前自己笨拙到漫不经心的告白和钟佳艺错愕后的拒绝，王琛无奈地叹了口气。

半个月之后，爸爸对王琛说：“小琛，爸爸工作有调动，得搬家了。”

王琛彼时正在门口换鞋子，心里纵有万般不情愿，也只是平静地应了一声："哦。"

电脑游戏里的角色已经死了无数次，队友开始着急起来，王琛却心不在焉地移动鼠标，看着角色的血条越变越短。在离开之前，至少得让她知道吧，以后可能再没机会见到，不能留下遗憾。他这样一想，站起身跑出门去。

一路跑到钟佳艺居住的小区门口，才想起自己并不知道她住几楼，手机也没带在身上，束手无策之际，王琛看到从一幢楼里走出来的陈琦。

"嗨，陈琦，幸好遇到你。"他像发现救星一样笑着迎上去。

可问题是，陈琦也是因为联络不上钟佳艺，才来她家里找人的，"我按了好长时间门铃都没人开门。"

"她今天没去上学，又不在家里，还联络不上，难不成回老家去了？"

"不可能。"陈琦否定道，"她的爷爷奶奶已经不在了，老家的房子也在那个时候就卖掉了。"

两人等了会儿，见天色已晚，决定一起去站台搭公车回家。等车的空当，王琛看着锈迹斑斑的站牌说："我好不容易下定决心了，她却缺席了，命运这东西可真奇怪。"像是对着陈琦说的，又像是自言自语。

公车鸣笛缓缓驶来，因为和陈琦不同路，王琛道了别走上去，从裤兜里摸出两枚银币塞到投币口。

“王琛。”陈琦叫住他。

“嗯？”王琛回头，他看见女生眼神躲闪，欲言又止的样子。

“没事，再见。”

车门慢慢闭合，王琛疑惑地皱了皱眉，歪一下头，转身朝空位走去。

杨安律：那句话后面的秘密

杨安律是在下了飞机之后打电话到家里的，他听到钟佳艺的声音，淡淡一笑说：“我家小妹在干吗？”

钟佳艺看了一眼手机上显示的本地号码，兴高采烈地欢呼道：“杨安律，你回来啦！都不告诉我和爸妈，瞒得够紧的呀！在哪儿呢，我去接你吧。”

“本来因为你跟妈姓，我跟爸姓，别人都以为我们不是亲兄妹，再加上你还不叫我哥，总是直呼其名，别人更是不相信了。”杨安律宠溺且温柔地埋怨道。

钟佳艺躺在沙发上噘起小嘴说：“也不过比我大两岁而已，我就得叫你哥，这不公平。”

“好了好了，不跟你争。”杨安律抬头看了看家乡湛蓝的天穹说，“来机场接我吧，哥哥很想你。”

钟佳艺从出租车上下来，径直冲到杨安律的怀抱里。

杨安律摸了摸妹妹的小脑袋，笑得很开心。从小最疼爱的那个人，在岁月的长河里慢慢地出落成漂漂亮亮的大姑娘，在学校里也一定有很多很多男生喜欢，对于他来说，这简直是一件太值得骄傲的事情了。

由于爸妈工作忙，晚餐是兄妹两人在外面吃的。家乡的味道简直让人热泪盈眶，杨安律大口大口吃着家乡的特色菜，恨不得一点儿汤汁都不剩。钟佳艺在一旁慢条斯理地咀嚼肉块，同时充满鄙夷地看着眼前狼吞虎咽的哥哥。

出了餐厅，雨后的新鲜空气迎面扑来。因为吃太撑，杨安律向妹妹提议走路回家。时隔一年才又见到哥哥，钟佳艺瞬间变成了小话痨，讲辛苦奔波的爸妈，可爱的好闺密陈琦，时而和蔼可亲时而面目狰狞的班主任李老师，还有……不知道如何定义的王琛。

“其实，我很高兴能遇见他。”钟佳艺望着前面的路说，“可是几天前他突然就搬走了，我那时突发急性胃炎在医院打针，好可惜呀，都没来得及跟他说声再见。”

杨安律温柔地说：“时间还那么长，别着急，并不是没有说再见就再也见不到了。”

这时，钟佳艺弯腰捂住肚子，样子很难受，“都怪你要吃什么家乡菜，我胃病才刚刚好，那么重口味我怎么受得了。”

杨安律关切地说：“没事吧你，离家也不远了，要不你先回去吃点儿药，我再走走。”

“那你自己注意安全，家里见。”

想起自己高中的时候，喜欢上了班里的一个女孩子，可偏偏直到毕业也没把想说的话说出口。妹妹和自己的性格简直一模一样，杨安律想着，弯了弯嘴角。他停下步子侧过头去，那堵荒废的墙壁竟然还在，路灯的光线把上面重重叠叠的字迹照得很明亮。

杨安律走上前去，看到一行熟悉的字迹：王琛浑蛋。这四个字被一条白色箭头连接着，另一头是歪歪扭扭的一行小字：钟佳艺，我喜欢你，再见。他突然明白了是怎么一回事，抬起头来会心一笑。

李老师：相遇就请珍惜

已经是夜里十点半了，李老师还坐在桌前批改作文。又做班主任又做语文老师，简直令人身心疲惫。不过，深夜里读一读学生写的作文，那感觉竟然是幸福且甜蜜的。

钟佳艺是他很喜欢的一个学生，字迹工整漂亮不说，还写得一手好文章。这一次作文课的命题是“相遇”，李老师迫不及待地翻出了钟佳艺的那篇来读。

怎么说呢，那可真是一篇奇妙又可爱的好文章，另辟蹊径，不可多得。钟佳艺把最真实的生活写在了里面，她把李老师当成自己的老朋友，对他讲那些藏在心里的秘密。

其实我知道陈琦喜欢王琛，她的眼睛在看着王琛的时候，总是闪闪发亮的。你问我为什么单凭这一点就肯定她喜欢王琛，因为我看着王琛的时候的眼神跟她是一模一样的，只是我不得不藏起来。因为我最好的朋友喜欢，我不能跟她抢。所以我才总对王琛那么不客气，我害怕自己稍微软弱那么一点点，就会喜欢上他，虽然我最终还是被自己打败了。

如果要我在陈琦和王琛中做一个选择，我肯定还是会选择陈琦的。她是我最好最好的朋友，以前是现在是将来也一定是。我前段时间突发急性胃炎，她得知消息后连夜赶到医院来陪我，每天都给我带做好的笔记和我最爱吃的零食，我看到她的黑眼圈了，她一定很累，我舍不得她累。

能遇到他们，我真的特别高兴，可又很难过，是因为王琛的离开吗？我不知道，或者是我不愿意承认这个吧。

李老师在昏黄的灯光下读完这篇文章，取下眼镜握起笔，在末尾写了一句红色的批语："你要知道，这个世界上每一天都有无数种相遇，并不是每一次相遇都一定会有一个美好的结局，但同样值得珍惜。"

永远的豚鼠好朋友

Sherry芸

“尹小然和牙牙永远是最好的朋友。”

“最好的”三个字被长成埃菲尔铁塔一样的符号夹在“是”和“好朋友”之间。这些字被藏在女生宿舍309寝室4号床的下铺床板旁的墙壁上，蓝色圆珠笔的痕迹起码要有一段时间才会退色。

这段时间会有多长呢？

永远是好朋友的“永远”又会有多长？

尹小然和牙牙认为有天荒地老那么长。

尹 小 然

上高中的第一件大事，一定是分座位和分床位，这可是重要性相当于确定人生伴侣的大事。上课睡觉要同桌提醒，考试靠同桌透露答案，晚上睡觉也要上下铺和谐共处啊！我左看右看，有个一起考进来的初中同学，跟她做同桌最好了。偷偷排队到她后面，一会儿老师分座位的时候，我跟着她一块儿过去就一定会分到一起的。

“天哪，怎么会算差一个人！”我咬牙又跳脚。

没想到莫名其妙错过了熟悉的人，结果眼睁睁看着人家远离，座位没有挨在一起，连寝室都分开了。

终于，老师排好了座位。我旁边坐着的女孩子，头发短而微黄，脸上的雀斑也细细密密，完全陌生的面孔，跟班级里的大部分人一样，连什么名字都不晓得。

“算了，但愿她没什么怪毛病，三年很快就过去了。”我对自己说。

牙　牙

“我要睡上铺哦！”

看着一点儿商量意思都没有的女孩子把自己的行李往床上一扔，像家里豚鼠被放出笼子一样，用不可思议的敏捷且迅速的姿态爬上上铺，我愣了大概有五秒，撇了撇嘴，把自己的东西放到下铺。

我本来也没想睡上铺啊。

为什么觉得她像家里的豚鼠呢？家里那只豚鼠总是跟我不亲近，一放出笼子就光速藏到角落里，也不敢跟我对视。像现在上铺正在哼哧哼哧铺床的那个女孩子，从今天分座位就没好好说一句话。

但是我知道她叫尹小然。

我也知道她还不知道我叫什么名字。

尹 小 然

很少有人喜欢上铺，但是我就很喜欢，起码晚上睡不着的时候看到的是白白的天花板，而不是黑压压的床板。

我总是不能很快入睡，因为知道自己喜欢的那个人也考进了同一所高中，虽然不是一个班级，但这样的兴奋感让我觉得白色的天花板在熄灯之后也是浅粉色的。

那个漂亮又高傲的男孩子，那个从来没有和自己说过话的男孩子，那个每次都考第一名的男孩子就在旁边的那栋男生宿舍的某一张床上。

他是已经睡着了？还是跟我一样？

这样纠结又酸甜的思想，使得我翻来覆去，胸中好像有一团说不清道不明的云雾，这团云雾模糊了我的思维，最后只能陷入深深的沉睡。

牙 牙

上铺那个尹小然总是睡得很晚，翻身又很频繁，我根本就睡不好，有时很生气，很想跟她说请她早点儿睡，不要总翻身。但是她总是轻轻地叹气，轻轻的声音就像抚摸家里的那只豚鼠时，光滑的毛皮下面轻微颤抖的小身体，柔软又倔强，让人心酸又心疼。

我大概是想家了，想那只小东西。

周末回家时候买点儿莜麦菜喂它吧。

尹 小 然

我不太清楚怎么跟别人相处，不知道说什么让别人高兴，也不知道说什么会让人不高兴。我没有什么朋友，以前的同学对我的印象不深，同样，我也记不得他们谁是谁。

像现在，整整一个礼拜了，旁边坐的人叫什么名字还不知道。

自己一个人看书写字，一个人去食堂吃饭，一个人找老师问问题，一个人收拾书包回寝室睡觉。这样的日子偶尔会让我觉得孤单，可是我早已经习惯。

要不是发生这件事，她的名字大概只有老师上课点名时候才有机会知道。

下了晚自习，我像平常一样，把水壶往包的侧兜里一塞，背上书包一个人匆匆回了寝室。因为有点儿感冒，我打算洗漱完毕就快点儿躺床上好好睡一觉。到了寝室，我把书包用力抡到床上，从床底下拖出脸盆就去了水房，走廊里遇到同桌，眼睛也没有多眨一下。

似乎跟平常一样，什么都收拾完毕，我爬到床上准备睡觉的时候发现，今天其实是跟平常不一样的。

床上的书包下面全是水，原来是水壶盖子没盖好，我塞到包里的时候没注意到，又直接把书包像风车一样抡到上铺，水漏了大半在床上。

牙　牙

熄灯了，我注意到今天上铺的女孩子好像有些安静得过分，叹气啊翻身啊一样都没有，仿佛没睡在床上。

正准备入睡，迷迷糊糊看见好像一团东西下来了，我恍惚了一下惊醒，看见上铺抱了一大团褥子还是被子的东西，蹑手蹑脚爬下来。

“怎么了？”我问。我也不知道哪里来的好奇心，也许怕她动静太大把查寝的老师招来。

她好像犹豫了很久，我几乎能看到她咬了自己的嘴唇说：“床湿了。”我听过她上课时回答老师问题的声音，清清亮亮的，却从不知道她也会发出这样不知所措的软软的声音。

仿佛什么寒冷的东西，突然自己有了暖意。

不知道为什么，我突然想知道，家里那只防备意识巨强的豚鼠，如果开始信任我，在我抱住它的时候不挣扎，在我抚摸它的时候不颤抖，这样的事会不会让人觉得湿暖。

尹 小 然

我也不知道这湿掉的床单和褥子到底该怎么解决，当下铺的同桌坐起身问询的时候，心里莫名其妙从惊慌变得平静。

走廊里传来轻轻的脚步声，如果被查寝的老师抓到了会被批评的。

“湿的东西先放地上，明天早上再去晒。”黑夜里有明亮的眼睛，这眼睛的主人掀开自己的被子，“快进来，老师要来了！”

我完全没考虑，松开手里的一大堆，钻到刚刚有她体温热度的被子里，动作有点儿不自然。也许是被子下面的温度渐渐升高，也许是孤单这件小事的暂时离开，一张床上的两个人都从刚开始的微微僵硬，渐渐放轻松了身体。

那个夜晚，我第一次没有想着那个男孩子入睡。感冒了的脑袋昏沉沉的，我什么都没有想，就那样睡着了。

牙 牙

第二天早上，我也感冒了。

但是，尹小然问了我的名字。这个孩子听见我略带鼻音的声音，清冷的眼眸里有些愧疚，虽然她什么都没说。

那眼神让我觉得又喜悦又好笑，我不由自主摸了摸她的脑袋，她的头发又黑又软又长，像小动物。

像我的豚鼠，虽然回家之后，那只豚鼠更加怕我。

从这件事之后，我们渐渐熟悉了对方，我知道她天天想念的男孩子在这个年级最好的班里面，也知道了为什么她总在上铺像要把自己炒熟一样滚来滚去。

我们开始一起去食堂吃饭，一起下晚自习回寝室；她上课睡着了我帮着盯住老师，课堂小考时她把答案借给我抄；我分享着她单恋的酸涩，她分享着我养豚鼠的琐碎，我们分享着彼此的心与青春。

我们在床板和墙壁的夹缝里，用蓝色的圆珠笔歪歪扭扭地写着——“尹小然和牙牙永远是好朋友”。

尹 小 然

有了闺密之后，我觉得“分享”这个词语真的是超赞！牙牙知道了我的秘密，所以每次做早操遇到我喜欢的那个男孩子，在故作镇定地和他擦肩而过之后，我就同牙牙叽叽喳喳起来。

“牙牙你看，他今天穿的运动鞋是最新款啊！”

“家里还蛮有钱的嘛。”

“当然了，家里又有钱，长得又好看，学习又好，简直太完美了。”

“嘁，可惜脾气不太好，你看那张臭脸。”

“脸色那么臭，还这么好看！”

“真是受不了你的花痴病。”

“我才不是花痴！你又这样说我，小心下节英语课的单词听写我不帮你哦！”

“好啦，乖，不要爹毛嘛。”

就是这样嘻嘻哈哈的一天一天，我们俩的欢喜和烦愁都在表面，仿佛一场雨就能清洗掉。

牙　牙

这个星期回家，妈妈跟我说，那只豚鼠死掉了。

家中没有人，新买的莜麦菜连着塑料袋一起放在笼子旁边，不知怎么它就连同塑料袋一起吃下肚子，就这样死掉了。

我决定再也不养宠物，我养了它，却不能对它好，是我对不起它。

我打电话告诉尹小然，我自己还没有哭，她先哽咽着说：“牙牙，我们找个地方把它埋起来吧。”

我们将地点选在近郊的公园，那里有一片白桦树林，风吹过的时候，白桦树的叶子就会哗啦哗啦泛着银色的光芒，我希望我的豚鼠会喜欢那里。

我用我最喜欢的手帕包着它，在公园的路口等着尹小然。附近有富人居住的别墅区，我抱着我的豚鼠跟它说："希望你下辈子是个有钱人，或者被有钱的人养着。"

我幼稚的话刚说完，旁边一个声音冒了出来："真是脑残。"

我转过身去，看到一张漂亮的脸，这个人我认得，这是尹小然心心念念的男孩子，那个有钱又长得好学习好但是脾气不好的男孩子。

尹 小 然

当我红着眼圈赶过去的时候，正好听见有个人在骂牙牙脑残，声音清晰又冷漠。我当时只顾着愤怒，一把抓住对方的胳膊，大声说："你怎么这么说话！道歉！"

然而，当我发现自己怒斥的人有一张我在睡梦前温习了千万次的脸，瞬时大脑一片空白，我松开了手，愣愣地看着他。

而他只是厌恶的一皱眉，"又一个脑残。"残酷冷血的恶毒话语，从漂亮的嘴唇中吐出。

这些冰冷的字，好像尖利的金属，梗在我的喉咙深处，刺穿了我的胸口，疼得我不能说，不能动作，疼得我连眼泪都流不出来。

牙　牙

这个在尹小然心中刻下伤痛的男孩子到最后也没有说对不起，可是就算他说了，也不是因为尹小然的爱恋。

我们埋葬了死去的豚鼠，我想尹小然也埋葬了她死去的暗恋。

天快黑了我们才走到车站，准备回家。尹小然一直红着眼眶，却没掉一滴眼泪。

“牙牙。”这是她的声音，如往常一样轻轻地叫着我的名，可是带着重重的鼻音。

“嗯？”我也如往常一样应答她，却没有办法抬起头看她。不知何时我自己已经流泪，我想和尹小然一起哭，却又不想让她悲伤，只希望能替她难过。

我站在汽车站牌旁，深深埋着头，眼前全是模糊，心里纠结着，手上无意识地用指甲抠着站牌上斑驳的油漆。

尹小然伸出她的手，抓住了我不停破坏站牌的手指。这个傍晚，她的手与我的手有着同样的温度。我回握她，什么也没有说。

寝室墙上的字又加了三个字，“最好的”，用一个像埃菲尔铁塔的符号加在“是”和“好朋友”中间。也许是同一个人写上去的，也许是另一个人写的。

尹小然和牙牙是最好的好朋友，谁写上去的又有什么分别呢？

我的合欢花已开败

鱼小布

周浩然多的地方话多

刚进天中军训那会儿，周浩然在站军姿的时候趁教官不注意小声跟我说：你知道天中有多大吗？据说，南校区宿管阿姨拒绝北校区保安叔叔的求婚，原因是接受不了异地恋。

说完，他像个没事人一样地站得笔直笔直的，我却笑得不行了。等我笑得差不多了，抬头，只是想偷偷看看教官的反应时，却发现，那一双豹子眼早就如喷着愤怒的小火星儿般瞪着我了。

我当时真是恨死了周浩然那个浑蛋了。

“教官，我坦白，他是主谋，我是从犯，是他先跟我讲笑话的！”我一副死也要拉着个垫背的样子。

周浩然却一下子不知道从哪里冒出来了一股浩然正气，“教官，我认罚！不关她的事！是我！”

一双豹子眼，扫遍了周浩然全身上下之后，又扫了一眼我，结果可想而知。

于是，那个大夏天的中午，我们成了空荡荡的天中操场上一道亮丽的风景线，像两棵笔挺挺的小白杨，在炭火一样热的大太阳底下，又多烤了一个小时。

当教练说完那句“到此为止”的时候，我眼前一黑，整个人一下子就瘫软在了地上。

虽然周浩然真的不是什么好人，但是我不得不承认，他确实还没有丧尽天良。

于是，他连忙抱起我，像偶像剧里演的一样，往医务室的方向飞奔。

那一天的阳光很刺眼，刺得我都睁不开了，在我的印象里，我黑乎乎的眼前全是周浩然在晃动着，整个黑黑的世界都在不停地炫动，我只能听见他喘着粗气，还死命叫着，“喂，喂，喂……”

他以为是电话信号不好听不清。只不过，我实在没有力气接他的话了。

作为T市超人气学院的天中，像这么体现优秀团员品质的事迹，怎么可能默默无闻呢！

于是，在每栋教学楼底下好人好事榜红榜上，以及每日校园广播里面都出现了，特表彰高一（18）班周浩然同学见义勇为等一系列的宣传。

但，我的困扰也来了。

第二天，无论我走到哪里，背后都有人小声嘀咕，尤其大家一起在树荫下休息的时候更是不得了，“欸，快看快看，就是那个女生，就是昨天被……”

明明就是他周浩然的自我炒作嘛！我气结，却对身后像潮汐涌动般的指指点点，一点儿办法也没有。

就在大家叽叽歪歪不停的时候，周浩然却拎着满满两大袋子的冰激凌走了过来，那一刻的周浩然如同散花使者一般，光彩照人，“想吃冰激凌的这里来，我请客！”

指指点点瞬间变作了赤膊上阵的架势朝他蜂拥而去，准确地说，是他手里拎着的满满两大袋子的冰激凌。

指指点点叽叽歪歪终于停了。

大家都在你一口我一口地吃着冰激凌，闲工夫都用在了是你的巧克力味好吃还是我的草莓味好吃上了，谁还有空搭理我啊。

通过这件事，我领悟了一个道理：女人多的地方话多，周浩然在的地方事多。

然而，这就究竟是，多么痛的领悟啊！

你存在我深深的脑海里

天气预报说，今天多云转雨，果然不假。

雨说来就来，打到靠窗出神的我的身上，我关上窗，搬了一个椅子，又趴在了窗台边。隔着有雨水的玻璃看世界，世界一片模糊，窗外的一片红粉映在玻璃上，形成一幅淡妆浓抹的山水画，而我沉淀在脑海中的记忆却渐渐变得清晰。

那天，就在众女子疯抢冰激凌的时候，周浩然摆了一个英雄救美后的pose，靠在一棵香樟树上，对着我伸出两只手，一拍又散开，显示两手空空了，一耸肩，又有点儿小无奈。

林逸阳就是在那个时候出现在了我的世界里，存在我深深的脑海里，我的梦里和我的心里。

他从周浩然背后的小超市走过来，举着一瓶冰露边走边喝。

走得更近一点儿，我能看见他迷彩T恤在锁骨下面那一块都湿了，经过那么几天的暴晒，他居然还是那么白，像夏天里的冰水，清清爽爽，干干净净的，看着就特别舒心。

再走近一些，我能看见他脸上的汗水颗颗滚动，大黑框眼镜也掩盖不了那一双大大的黑眼睛，亮闪闪的。

天哪，连喝冰露都那么有灌冰锐的气场，那是谁？

走得近得过了头了，走到刚吃完免费冰激凌抹嘴巴的队伍里，叽叽歪歪又开始了，比刚才要响亮多了，我甚至能听见一丝丝的尖叫。

果然，周浩然说得没错，她们有事情干了，就不会来指指点点我了。

那暗影浮动洪水猛兽般唧唧歪歪，壮肥了我的小胆子，“好帅好帅，好喜欢哪！”我情不自禁地泛起了花痴。

周围那么吵，我的声音不算大，我以为谁都听不到的，可周浩然却拽了起来，大拇指搓了一下鼻尖，“哼，我是谁啊，我可是玉树临风……”

没理会周浩然在嘀嘀咕咕什么，我就向前跑了几步，躲在一株合欢树后面，伸出半个头来，露眼不露脸地看着林逸阳越走越远，红着脸偷笑。

好看的人连背影都那么美。天气太热，军训太累，他后背都湿了。粉红的合欢花一朵一朵地落下，把他的背影修饰得更加好看。

周浩然却把咸猪手伸了过来，一手贴在我的额头上，一手在我眼前像刀切菜一样切上切下，切断了我的视线。

“喂！喂！喂！”周浩然黑着脸问我，“这么烫！有病啊？”

我翻着白眼，犹如美梦被吵醒一般难受，恶狠狠地瞪着他，“有药啊你！”

周浩然黑着的脸一下子又绿了，深深地叹了一口气，“唉，无药可救！”

无可救药

是啊，就是从那一刻开始，我无药可救地喜欢上了林逸阳。

“你喜欢他什么？”那时候的周浩然跟在我屁股后面，很不理解地追问我，跟了几条街，一路追到了“盈盈花店”。

前凸后翘的花店老板娘很热情地招待我，拉着我要给我介绍最大气高档的花，当然她是看在后来跟进来的周浩然那大部分人都带不起的瑞士手表的面子上，才肯给我费这么多口水介绍的。

她笑盈盈地不停地夸我男朋友如何帅气如何好，又夸我们如何如何般配。

我没有回应她，而是拿了那支羞答答的白色玫瑰，问了价钱。她花枝招展的脸瞬间成了冰工厂，冷冷地回了两个字——“十五”！

我扔下差不多一天的伙食费，头也不回地离开了花店。

平常跟周浩然一起出去，每次付钱的时候，周浩然都是一副你不让我付钱我就跟你拼了甚至绝交的架势，于是每次，只好勉为其难地让他付钱。但是这次，他完全没有说什么，只是看着我完成了一系列动作。

我当然有理由不理会周浩然的追问了，他又不是我男朋友，我们又没什么，只不过是小学初中同学而已，要不是仗着“有钱能使鬼推磨”的不变真理，就他那样，英语就没及过格的烂水平，他能来T市超人气学院的天中，能继续跟我做校友吗？

说起来，也就是玩得很好很好的——兄弟，而已！

再说了，就是八拜之交之间，也还有各自的老婆呢，我怎么就不能喜欢林逸阳了！

再再说了，喜欢就是喜欢，哪有那么多为什么呀！

再再再说了，我就是有理由，我也用不着跟你说吧！

不过，我当然有理由喜欢林逸阳啊，他长得好看不说，人家一进来就是全校摸底考试第一，连我也只是第十。而且我还听说了他初中的辉煌史，有一次为了救助一个因糖尿病突然昏厥的老爷爷而错过了奥林匹克数学竞赛，瞧瞧，多有爱心；还有，据说他文采飞扬，期期校刊都有他的大作，瞧瞧，多有内涵；还有还有，每年元旦晚会什么的，他都弹一曲拉风的吉他，帅呆了，瞧瞧，多有范；还有还有……

当然，最重要的，就是，那时候的他还没有女朋友，也没有听说他跟哪个靓女有绯闻传出来。

为爱勇敢只此一回

周浩然躲在不远的墙角给我挤了个斗鸡眼，我知道林逸阳要来了，一鼓作气，跳到他面前，高高举起手里的白玫瑰，“我喜欢你！”紧张又激动，莫名又不安。

刚刚结束军训的我，黑炭一样，与手里像旗帜一样的高举的白玫瑰形成了鲜明对比，热辣辣的脸简直可以烙烧饼。

“嗯？”对方居然这个回应。

我努力睁开眼，看向他身后躲在墙角的周浩然，他扒出了半个身子，举着手臂，握着拳头做了一个加油的姿势。

我一咬牙，再接再厉，“我喜欢你！”

果然，再而衰。

那时候的林逸阳，他毫无反应，只是用手腕擦了擦额头的汗，一甩还能甩出水来。

扒在墙角的周浩然对我做了一个OK的手势，又把手翻过去，示意我再来第三次。

三而竭。

“我喜欢你。”很明显，这一句，完全没底气了，手里高高举起的白玫瑰，被晚来的风吹得摇了摇，和着那合欢树上朵朵坠落的小火焰，你还别说，还真是滑稽又可笑。

林逸阳甩完额头的汗水后，如王子一般，高傲地甩给我一句话就走了，“我不喜欢小朋友。”

一阵风吹过来，落下的花朵齐刷刷地砸向了初次告白失败的我。

我才没有被打败，也没放弃，那时候的我是那样执着地用着别人的哲理安慰着自己，比如说爱要越挫越勇才会有结果！

所以固执如我吐了吐舌头，假装很淡定。不过，在周浩然的小刀电动车后面，我一把鼻涕一把辛酸泪。

一场闹剧就此中场休息，离收场甚远。

爱情就像炸碉堡

事实上，周浩然不仅没有笑我，反而带我去了洪福街，在一大盆油焖大虾被端上桌子的时候，他摆出一副易中天品三国般的深沉来跟我说道：“其实，这爱情的追逐嘛，就跟炸碉堡一样，炸毁了对方的碉堡，你就赢了。炸不毁嘛，那你就爆了！所以吧，其实这也没什么大不了的，在这一面炸不毁这座碉堡，那咱们换一面炸炸不就得了！只要你不抛弃不放弃，总会有炸掉的一天！”

我发誓，那绝对是我有史以来最佩服周浩然的一次，因为平时吊儿郎当的他，居然说出了那样富有内涵的话，让我一扫心中的不屑，佩服得五体投地，更坚定了我的决心！

“嗯！林逸阳！我就不信了，我夏优优的无敌火箭炮攻不下你的小小碉堡。”那时的我举起拳头，信誓旦旦，不把碉堡炸掉不罢休！

周浩然看着我又恢复了斗志，跟没事人一样，不抹鼻涕眼泪在他身上了，很是欣慰地凑过来一张卖萌可耻的脸，瞪了瞪眼睛说：“加油！”

我更加羞涩了，“不是说，男追女隔层山，女追男隔层纱嘛！嘿嘿。”

我信心满满，却换来了周浩然一句，“是啊，是啊，男追女隔层山，你追男遭板砖！”

一句话，气得我又吵又闹又打又骂，狠狠地咬了好几只油焖大虾。

可是，从高一的稚气未脱，到高二的懵懂，再到高三紧张的高考，十次，还是八次，还是十八次，在我早就数不清的告白失败后，我终于，不得不承认，他林逸阳的碉堡还真是铜墙铁壁。

我有一点点，打算放弃了。

在那个翻来覆去睡不着觉的夜里，我忽然更认同周浩然同学的爱情炸碉堡论了，只不过，在我和林逸阳的战场里，是我一开始就摇了白旗。

从来就不在一个空间里呼吸的两个人，终究走不到一起。

然而，如今坐在窗前追忆的我，却暗自懊恼，差点儿没有捶胸顿足。实在很难理解，那时候的自己，怎么会用那么一张热脸往人家冷板凳上贴，还特不自觉地以爱的名义，折磨人家林逸阳不说，还瞎折腾人家周浩然。

睡不着，习惯性地起来想登上QQ，想看看林逸阳最近的动态，却把整个QQ里面一百多号人翻了整整三遍也没有翻到他，原来，他早就把我拉黑了。

也许，年少的我，太自信了。

牛奶多余不多余

之后，高考两位数的倒计时里，周浩然依旧在每个周末放半天假的时候，自驾着他的小刀电动车，带着我绕半个T市去那条整整一条长街都是小吃的洪福街，把我喂得饱饱才送我回家。

然后，再过几个小时等候在我家楼下，跟我一起去上七点钟的晚自习。

直到高考结束后，我们又去了一趟洪福街。

远远的就能闻到各种香味，像刚打完大仗的两只饿老虎，跳下车，我们就扑了过去。

就在我啃完了第一只油焖大虾，很享受地扬起脸，习惯地要周浩然帮我擦嘴巴的时候，我看到了那个熟悉的他。

那天的林逸阳，不穿迷彩短袖了，也不会叼着冰露像灌冰锐一样走过我的面前惹得我自言自语，更不会热得汗水打湿了锁骨下面的那块衣裳，因为，旁边有一个秀发乌黑油亮的美女正在给他擦额头上的汗。

我并没有难过得死去活来，也没有“可能不会再爱了”的感觉，相反，我觉得很轻松，毕竟是那么优秀的人，也不枉我的一片将心向明月。

反而是周浩然，他搂着我的肩膀摸摸我的小马盖头说：“没事的，乖，浩哥帮你找个更好的！”

之后，周浩然听他爸的话去了上海，林逸阳和他那个全校第二的校花女朋友去了北京，而我来了威海，这个合欢花栽满大街小巷的地方。

周浩然总是在我面前称哥哥，久了也习惯了，于是爱理不理的。或许我们之间真的就像他说的那样，只能是兄妹吧。

比如，年前放寒假回家，春运一票难求。

我买不到白天到家的票，只买到了一张深夜两点半到站的票。一向在父母面前逞强的我，坚决说没事都这么大的人了肯定能回家的，却在深夜两点半的火车站晕头转向找不到北。

习惯性地拨通了周浩然的电话。那边的他显然还迷迷糊糊在睡梦中，“喂——”

“耗子，我现在在北站迷路了，来接我！”跟他从来不用那么多的客套话。

“笨蛋！”那边开始了长篇大论的叫骂了，“别乱跑啊，马上到……”

他的速度，让我很是怀疑，不是开车过来的，而是开火箭过来的。路过KFC的时候，他下车买了一杯热牛奶和一杯热咖啡，让我先选。我竟然没有发觉，之前最喜欢跟我抢吃的的他，已经如此会关心人了。

我接过牛奶捧在手里，他却喜滋滋地笑了：“小姑娘越长越漂亮了，在学校是不是有很多人追啊？”

我笑着回他：“呀，咱们天中当年的校草耗子哥，如今，可名花有主啊？”

他笑了笑：“唉，好草不提当年嫩啊！”

我笑着打他：“怎么样？想找个什么样的？我帮你！”

他却看着我很认真地说：“你这样的！”

我笑着，低头继续喝牛奶，想把他的话当玩笑咽下。

他却真的认真起来了：“我是认真的，优优。”

这样的认真，他只说过那么一次，一次而已。因为那天我跟他说，我总觉得我们太熟了，不适合谈恋爱，恋爱是需要悬念的，有悬念的恋爱才会精彩。

花季雨季

雨停了，我打开窗，深呼吸，空气清新。

有钥匙窸窸窣窣开门的声音，我扭头一看，是宿友拿快递回来了，抱了一大一小两个箱子。

宿友一脸埋怨，“喏，重死了，顺便帮你也拿回来了。”

是周浩然寄给我的，我拆开箱，里面一封一封全是信。

一一拆开，从我们离开天中那天开始，每天一封，每一封都是思恋，那些他从来不曾跟我说过的情话，原来都藏在了这些白纸黑字里。我蹲在地上看完了所有的信。

电话却在这时候响了，是周浩然。

他告诉我，这一个月，他去了西藏，是同校的西藏朋友带他去的，他说了许多在西藏的见闻，他说西藏不是很发达，但是西藏人的热情让他特别受感染……

说了好久，他终于停顿了几秒，语气沉重，他说：“优优，是否我在你的世界里就是这样可有可无的存在？为何整整一个月，你都不曾想起我来。”

我无言。

很惭愧，其实我之于他，又何尝不是像林逸阳之于我的残酷呢！

我习惯了他对我的好，却忽略了自己是怎样开始放弃林逸阳的，一个人，太主动了终究会累的。

我们早已不是当初年少的热情，单凭喜欢就可以陪你疯疯傻傻上天入地无所不怕。

他说："优优，那些信笺记载着我对你所有的思恋，谢谢你陪我走过最美的青春路。"

我什么也没有说，静静地听他讲完了最后的话，

他说："优优，我现在终于懂了，你说的话很有道理，我们也许真是太熟了，才走不到一起。我认识了一个西藏女孩儿，她和我的见过的女孩儿都不一样，和她在一起，每天都是惊喜……"

我把一只手伸出窗外，接住了楼上落下的雨水，它在我手掌里，满满当当的，逗留着，我却只是眼睁睁地看着，把玩着。直到它已经悄悄从我指缝中溜走，我才幡然醒悟，如果我早一点儿将它放进杯里或是碗里，它都不会，一滴不剩。

而我也终于明白，那个风风火火陪我疯疯傻傻的周浩然，已如手掌里的雨水一样，从我的世界里，悄悄溜走了。

青　芒

左　轮

许素阳离开青芒街的那天，街边的芒果树全都开花了。

我穿着去年他送给我的蓝色碎花裙，站在门口看着他离去的背影。他的背影很利落，仿佛走在风中，就此乘风高飞，天地辽阔。他好像知道我在看他，也不回头，径直朝前走着，一只手举起来挥了挥。我看着他渐行渐远，身影湮没在芒果树的青涩花香中。

我知道这就是他的告别。

他没有说什么时候回来。

我不知道他会不会回来。

1

2004年。

N+1次。

正是五月天，空气中生生漫延出些许聒噪的气味来。

“你给我放下，你这个王八蛋！”我声嘶力竭冲许素阳大喊，小手死命扯着他衣服，小脸满是通红，另一只手擦了擦快要溢出眼角的泪珠。

此时，许素阳正虎视眈眈，打算用我的书包威胁我，“许合子，你给我小心一点儿！”

忘了什么原因，我和许素阳再一次吵了起来。从小我就被寄养到外婆家，而许素阳就像一根刺，活生生阻碍着我，我也从未叫他一声“哥”。

我像发了疯一样，冲过去将他的书包夺过，一把扯开。许素阳的作业本零零散散，很可能是因为节俭而舍不得用新的。我一把扯出，抛向空中，彼时正午微微有些刺眼的阳光倾泻而下，作业本便像电视广告里五彩缤纷的彩虹糖哗哗落下。我也见到许素阳的表情，如彩虹糖般五彩缤纷——恨得咬牙切齿。

当然，我的作业本也没能幸免于难。

2

此后好几天，我并未和许素阳说一句话。当然，许素阳也很讨厌我，尽管每次吃晚饭时，我都屁颠屁颠捧着碗跟在许素阳后面。许素阳则和他的兄弟玩弹珠，不到天黑不罢休。许素阳完全把我当空气，走到我面前，鼻孔朝天，“哼。”

如果你是第一次见到许素阳，那么绝对是没有办法把“打架王”和这样温润美好的少年联系到一起的。

无论什么时候，他永远是斯斯文文的，穿着干净的T恤或衬衣，头发一丝不苟，脸上是温和有礼的笑。

许素阳之所以成为“打架王”，都是因为我。

按照外婆的说法——我许合子从来就不是省油的灯。

我有一种与生俱来的本领，就是能够三言两语将跟我一起玩的孩子们闹得鸡飞狗跳。

许素阳第一次打架，是在我七岁那年。

隔壁李家小儿子拿着新买的玩具车来找我们玩儿。那个胖小子把头抬得高高的，眼睛是斜的，他故作大方地把玩具车递给我们：“给你们看看我爸给我买的新玩具，可是全青芒街第一辆哦。”

我拿在手上看，手一滑，赛车就掉进旁边的池塘里，咕咚一声，沉没在了水底。那个胖嘟嘟的小子立马就跳了起来，指着我大叫：“许合子，你为什么把我赛车扔到池塘里？！”

我的头抬得高高的，拍着手斜眼看他，懒懒地答道：“哎呀，我真是不小心，刚巧手滑了一下，真是抱歉。”

“你明明就是故意的！我妈说的没错，你根本就是个野孩子，没教养，否则你怎么要来你外婆家讨饭吃……”

我耐性不大好，没等他说完，抬起手啪给了他一耳光。

小胖子突然恼羞成怒，冲上来把我扑倒在地。

我被他骑在身下，就在我张牙舞爪准备跟他大干一场的时候，在一旁傻愣着的许素阳突然扑上来加入我们的战斗，其实我一直以为许素阳会趁这个机会欺负我的。

这场打斗几乎没有悬念，九岁的许素阳身量拔高，那小胖子不到他肩膀，他以大欺小，我都还没出手，他就已经完胜。

我挂了彩，不敢回家，怕外婆骂我。而许素阳拉着我的手走到小树林里，他掀起我的裤脚，叫我坐到一块石头上，等他回来。

不一会儿，他跑回来，手上拿着一些草。他把草用石头捣碎，然后掀起我的裤脚，叫我忍着，小心翼翼将草敷在我膝盖上，问我疼不疼。

我故作矫情，“好疼啊……”其实并不怎么疼，心里着实感动了一把，就想看看许素阳会作何反应。

天渐渐暗了，明亮的星子升起，许素阳抿着嘴唇没有说话，他只是默默看着我，伸手拂过我膝盖的伤，像是暗自在心里下了什么决定般，凝重而坚定地看着我，“没事，许合子，许家的人，就算流再多的血也不能流一滴泪。作为补偿，我明天带你去一个好玩的地方，好不好？”

我不知道是不是那一天改变了许素阳。

总之后来，在类似于这样的事件中，他慢慢变成了青芒街赫赫有名的打架王。

再后来，我总是能够从打架的许素阳脸上看到某种越来越狰狞，抑或可以称之为绝决的神情。在我一直以自己的方式表达我对这个世界的愤怒的时候，许素阳似乎也在用打架的方式表达着某种我并不清楚的情绪。

他像个大无畏的英雄一般，在我身边勇猛却无知地战斗着。

3

回家的时候天色已经有些晚了。青芒街上的路灯渐次亮起来，透过密密的枝丫投射出昏黄的光芒。

外婆坐在门口，脸上是前所未有的平静，眼神却异常愤怒。这种平静，让我想起鲁迅的那句“不在沉默中爆发，便在沉默中灭亡”。

“好啊，许素阳，你终于舍得回来了啊，平常自己一人出去也就算了，还带妹妹出去鬼混，人家父母都找上门来了！”外婆不知从哪找出一根棍子，往许素阳身上一阵抽打。而他静静跪在地上，连哼都没哼一声。

这样的许素阳，是我不曾遇见过的。

耳边响起许素阳说的“许家的人，就算流再多的血也不能流一滴泪”，这样的许素阳，就像一个真正的男子汉。

4

原来许素阳带我来芒果林啊，海道口的乡下房子，小径两旁种着许多芒果树。因是五月初，芒果将熟未熟，从树叶中探出一个个脑袋，硕大可爱，透着青绿。夕风吹来，满树摇曳，连空气里都是青涩的香气。

这天傍晚，许素阳骑着一辆老旧的自行车载我去摘芒果。自行车后放着长竹竿，竿上有削尖的小刀，踩在车座上举着竹竿稍用力，芒果就掉进网兜里。

我站在车座挑竹竿时，生怕从车上掉下去，双手都是抖着的。

最后许素阳看不下去，抢过竹竿，三下两下兜了一网。

黄昏的风，从海道口吹来，有浅浅的清凉。长发全被风吹得扬起，遮住了视线，我抬起手撩开长发，满耳全是芒果砸中网兜的噼啪声。

岁月忽然变得这般安静，静得仿佛有一万年那样长，只要闭上眼，就会停滞于此。

许素阳在车上摘得满头大汗，而我觉得双手都快捧不住网兜了，“够了，够了！”

最后一个芒果掉落时，许素阳顺手握在了手心，剥开来，随意尝了一口。

我眼睛一眨也不眨地观察着许素阳脸上的每一个表情，终于，许素阳慢慢地睁开眼。

“怎么样？”

“真甜。”许素阳慢慢把芒果递过来：“试试。”

我迟疑。

“真的，不骗你，吃一个吧。”

我怀疑地咬了一口，酸涩得把芒果扔得老远。

许素阳哈哈大笑，笑容得意又飞扬，几乎笑得肚子都疼了：“哎哟，许合子，你怎么这么傻啊。”

我愤愤不平。大约是报应，许素阳笑得正起劲，一个芒果忽然从树上掉下来，“咚”一声砸在了他头上。

“哈哈哈，许素阳，让你笑我。”

仿佛这开心，就这样轻易地被留住了。

仿佛，我们永远也长不大。

岁月的齿轮转得缓慢，日迟一日，老钝得像上了锈的铁具，沉笨又安稳。

5

后来，我便回了自己家。

在外婆家的种种，就像一场梦，梦醒了，醒来一片荒凉。

后来的后来，便很久也不曾见到过许素阳。

后来，才听到这样一个故事：

黄昏渐落幕，一群学生围着一个女生，其中有人起哄道："老大，你倒是快说呀，再不说，我们可走了。"为首的男生在夕阳照射下，耳钉闪烁，"沈清溪，我喜欢你，做我女朋友吧。"

而女孩儿姣好的面容上渐显不耐烦，轻轻吐出两个字：做梦。

这让为首的男生略显尴尬，再者一旁他兄弟们可都看着呢，"沈清溪，今天你要是不答应，我还就不让你走了！"

此时，一悦耳声音响起，"怎么，这位同学，人家都拒绝了，你还缠着人家不放啊！"只见许素阳正坐在围墙上，嘴里叼着一根狗尾巴草，翻身而下。

"哪里来的狗腿子，敢坏老子好事！"

"哟，你这是气急败坏怒火攻心狗急跳墙吗？"许素阳吐掉狗尾巴草，一脸鄙夷地看着他。

"你才狗急跳墙，你全家都狗急跳墙！你这狗腿子，兄弟们，给我上！"

一群人对付一个人，混乱中有人甚至拿起石头狂砸。可是，许素阳就是许素阳，打架王再一次发挥了他的本领，草丛里一片混乱。

是不是一定要兵荒马乱，才能算作青春？

过了一会儿，许素阳把所有人都击倒了，他擦了擦嘴角的血迹，转身送女孩儿回了家。

后来伤者去医院做了伤害鉴定，因为为首的男生正是学校书记的儿子。自己儿子无缘无故被人打了，书记当然气不过，找校长誓必要找回一个公道，校长说：“要么道歉，学校公开批评，要么退学。”

听到这个消息，许素阳捏得青筋暴起的双手最终缓缓落下。不知道是在何时，我们都渐渐活成了双面人，我们一面单纯天真，对世界怀抱美好的期待，一面狠厉狰狞，试图以此来保护自己和他人。

然而他却出乎意料地松开了双手，声音平静：“我选择道歉。”

说实话，这个结果，是我怎么都没想到的，在我眼中，那个骄傲的许素阳，那个目光坚定的许素阳，那个对我说许家的人就算流再多的血也绝不掉一滴泪的许素阳，怎么可能向别人道歉。可他确确实实这样做了。

我一度觉得成长是件很艰难的事，长大总是太过遥远，可是人往往就在一瞬间长大，明白许多事理。后来我想，许素阳是以大局为重，为了要完成自己的学业。

6

流光容易把人抛，红了樱桃，绿了芭蕉。

彼时，许素阳已考上大学，也有了女朋友，命运兜兜转转，似乎又回到了原先的地点，没错，他女朋友就是当年他所保护的那个女孩儿，他们很是幸福。

天空蓝得如一片巨大的琉璃，它映照着尘世的倒影，映照着悲欢离合生老病死。

2012年，外婆去世，许素阳回到青芒街。彼时我与许素阳已有四年未见。

我最后一次去握外婆的手，冰冰凉凉的，又一个与我有关联的人离去了。

二十二岁的许素阳眉目里依旧有往昔的温和，只是越发英挺和成熟了，世事的历练沉淀于眉头。我看到他时有些恍惚，仿佛我与他只分离了一瞬，他就已从青葱的少年长成了成熟的大人。

不知道他什么时候学会了抽烟。葬礼结束后，他坐在外婆常坐的石阶上抽了一宿的烟。

我们把青芒街家里的东西全都收了起来，床或沙发用布盖着，从里到外打扫了一遍，然后一把大锁咔嚓一声，把我们自己锁在了外面。我们都知道，这个家，或许我们再也回不来了。

或许所谓的成长就是这样子的吧，不知不觉，曾与你刻于骨髓永不能离弃的人，在时间的荒原上，走着走着，就变成了陌生人。

许素阳在大学就已经开始研究计算机了，他带着他那帮同学，自主创业，成立了一个网络公司，专门研发电子产品，事业蒸蒸日上。

7

阴沉沉的天气，压抑得让人喘不过气来。

清晨显得寂寥，有风，樟树摩挲的声响仿佛悲凉清冷的细语。今天是外婆的祭日，我捧着一束白菊，走在通往墓地的路上，听细雨在倾诉着。

我想起外婆常年坐在门口，每次吃饭时，在门口用力喊“合子、素阳吃饭喽……”，可是现在，她孤零零一人躺在里面，冰凉寂清。转眼之间，只剩我一人。

“外婆，我来看你来了。”我放下白菊，不一会儿，花朵被豆大的雨点打湿，雨越下越大，“外婆，我带来了你最喜欢吃的凤梨酥。”我抽咽地说着，泪水滑落，泣不成声，早已分不清脸上是冰凉的雨水还是苦涩的泪水。

“许合子，下那么大的雨，不会打伞吗？”

预想中的雨水没有落下来，我转过身，看到一抹修长的身影。许素阳一束黑装，打着黑伞，用身躯为我护住身后的风雨。

“哥。”

“嗯。”

我拿着铲子，一点一点铲掉长出的野草，每一次沙土的覆盖，每一个慈祥的笑容，每一声亲切的叫唤，都是一次悲伤片段的回放。

“那你什么时候要回去？”我静静地问。

“不回去了。以后都不走了。”许素阳看着我，眼里是毫不动摇的坚定和不可撼动的坚决，“越是身处繁华喧嚣，便越无所依靠，越是追逐，便越感觉自己离你们太远，太远。”

“妹，我只想守护你。”

他的目光那么坚定，那么凝重，那么像那个小时候的他。我的脑袋里闪现的全是我们幼年时的模样，我和许素阳坐在小树林里，我们两个鼻青脸肿，不敢进屋，许素阳伸手拂过我膝盖的伤，眼里有凝重而坚定的目光。

8

时光就像在我们身上打过的露水，匆匆二十年，露水不沾身，我们全部变了容颜。

我只记得曾经一个夏天，青涩的芒果不知在谁的嘴里变得甘甜。

陪伴，才是最美丽的长情。

终有弱水替沧海

月下婵娟

谁惊艳了我的青春岁月

开学很长时间以来，我一直都是五中高一四班的笑话。后来和我无比相熟的白文婷曾经跟我说："罗南，你不会真到了那个程度吧，花痴帅哥到不知收敛的地步。那个口水啊，蜿蜒地上三千尺。"

"才没有！"我用力一合书本，抬起头来，"我，我只是近视眼而已，看错了人。"

"啧啧。看错了人。"白文婷不依不饶地凑过来，拿着手中数学书模拟我当天的丢人情形。书本从手中"啪"一声落地，呆滞的女生犹不自觉。幸好数学书不是开水瓶，不会发出那惊天动地的爆炸声。

那“啪”的一声吸引来无数目光，也将那骑着单车的白衣少年惊得回过头来。于是在九月午后灿烂的阳光里，我邂逅我的童年，邂逅我十年寒暑假的时光。我没有告诉任何人，我将那个藏在心里无数日夜的名字轻轻唤了一遍。校园太嘈杂，我身边来来去去太多同学，所以你没有听见，我梦中的美少年也没有听见，我叫你：陈简。

我不得不承认，那是一张太过相似的脸。

迎着九月的秋光肆无忌惮地打量一个人，不，白文婷说我那样的目光几乎就是思慕。无视散落在脚边的书本和四散的水瓶碎片，“你瞪着眼，微微张着嘴，用你的神态充分诠释出了见到五中第一帅的后果和反应。”

我出丑出大了，在一群和你勾肩搭背晃晃悠悠穿过校园的无良男生的口哨中满脸通红，但是我仍然抱有一丝希望，从你那双迷茫的，不解其意的双眼中我还在想，你只是遗忘了，没有记起我。

“何小经。”身后的男生拍一拍你的肩，“果然是何公子啊，就是魅力大，报到第一天，就有女生一见钟情。”

原来不是，原来根本就不是我的故人。自俯身的姿势里抬起眼，看见回过身去蹬着单车的你，何小经，那是我与你的第一次相见，但有一句诗早在千百年前就这样写过，它说的是：与君初相识，犹如故人归。

她似粉蝶在翩跹地飞

我不常见你，白文婷跟我说你分在三班。这世界上，你得相信，有些人他们就是天之骄子，不费吹灰之力拥有别人艳羡的一切。我知道你的好长相，但我并不知道在你一表人才的好长相下还有彪悍的智商。白文婷说你以超过一中三十分的分数选择这所学校时我不免吃惊，“因为一班的张莹啊。五中校花，美得光彩照人的那位。多相配的爱情，为了女友选择这样一所破烂学校。”

彼时我自教室那明净的玻璃窗里望出去，就看见你那令人嫉妒的女友，穿着一件白裙子，缓缓走在林荫道上，像一只花丛里的粉蝶，在翩跹地飞。

我从未要将自己与她做任何比较，关于我暗恋你的谣言满天飞，我也只是将它归功于校园初见你的故事的延续。谣言止于智者，我懒得辩驳，我想你和你的女友应该不会在意。

薄凉的秋意在那个新学期姗姗来迟的时候，我正坐在教室里用铅笔画画。张莹的出现让教室里起了一阵不小的躁动，我不得不承认这女孩子很美。

她停在我的桌前，低下头问我一句：“你以为你这样做何小经就会喜欢你？”她说得很小声，眼里轻蔑的光一闪而过。她不嚣张，大概是因为她觉得面对我实在不必放在心上。“何小经就是不爱我了，也不会喜欢你。”做惯公主的女孩子从来不会视灰姑娘为对手，我想她是羞于以我为敌。

我茫然地起身，黑色的笔芯“啪”的一声在纸上折断。“张莹，你搞错了吧，你男朋友喜不喜欢你关我什么事。”

哄笑着看热闹的男生女生们盯着如白天鹅般高昂着头准备离开的张莹，她没有想到这既定的胜利最后竟会让她如此下不来台。我看见她清丽的眉毛在灯影中重重地蹙起，她三步两步地跨上来，一把扯过我手中的图画纸，“你别告诉我，这画上的人不是何小经。喜欢就喜欢，做了无耻的事就要有胆子承认！”

张莹在满教室清冷的灯光里抖动着我的画纸，我伸手要去抢，她一扬手照着我脸上摔过来。“我瞎了也知道这是何小经。继续啊？骗人啊？怎么不说了？何小经不喜欢你，你也犯不着这样。罗南，你真是让我可怜！”

张莹在趾高气扬的胜利中大踏步离去，雪白纸签悠悠跌落下来，落在脚边，染满尘埃。而我的美少年，犹不知世事，对我笑得天真、灿烂。

为谁风露立中宵

我实在不知道下了晚自习的你会将我堵在楼道里，清俊挺拔的身影，在楼梯的转角处冒出来。客气地说："同学能不能借用你一点儿时间。"

"因为张莹今天的无理取闹？"我看着你局促地用脚碾着地上的草皮。

"她今天心情不好，真是给你添麻烦了。"原来身处恋爱中的人真的是最美的，刁蛮的张莹如此，你也如此，你并不自觉，你唇边的笑却让我恍惚了很久，我的目光追随你，像看见我从前的梦。

那不算是深交，只是站在皎洁月光里听你讲述和张莹的故事，同住一个小区，从小学开始读书就在一个年级里，怎么想象都是青梅竹马。

后来夜就慢慢地凉了，有露水落在肩上，起了风，让人心里浮起感叹，似此星辰非昨夜，为谁风露立中宵。

旧日时光不再来

"张莹的成绩并不好，但她以姣好的身材和对舞蹈的热爱准备在艺考这条路上发扬光大。"白文婷不知是在哪里打听到的消息，还美其名曰为了让我知根知底，"这样才能战胜情敌。"

我不知道因为哪一条让她将我规划到了张莹情敌这一范畴里。我丢过去一块巧克力，堵住她的嘴。"白大小姐，省省心吧，享用美食才是当前正道。"

“费列罗巧克力，你是土豪啊，这么有钱，说，哪里来的？”白文婷张牙舞爪地扑过来，抢我手里的盒子。

我边躲边抓着丢进嘴里一颗，才不敢说这是你拿给我的。这是你买来讨张莹欢心的圣诞礼物，可惜对身体有着苛刻要求的女孩子没有领情。满腹委屈的女孩子抱怨你不关心不爱护她。“如果关心和爱护我，就会知道我不能吃巧克力！”到最后甚至演变成一场控诉和争吵。你在这场不欢而散里看见独自在街上溜达的我。我大口大口地啃着苹果，想就是对着圣诞树许一千次愿，我心底的愿望也不会实现。

还是不能放弃地在心里悄悄说，圣诞老人，让我看见陈简一次好不好。一次就好。

然后在街角撞上你，撞得肩膀生疼，你郁郁低下来的眉目，你扶住我的手，你说：“没事吧？你没事吧？”

我抬起头，睁开眼。你说：“是你啊，我还以为是撞坏了什么人……”你没有说下去，我想是我一颗一颗砸下来的泪珠吓到了你。你喊着我的名字说：“罗南，真的很疼吗，我送你上医院。”

怎么会有那么相似的眼睛那么相似的脸。陈简。陈简。

我不能恍惚。那不是他的脸。不是我的陈简的脸。

“没事的啦。”我摇摇晃晃地站起来，吸一下鼻子对你笑，“今天是圣诞节呀，医院什么的免了，不如请我去吃一顿好了。”

肯德基里暖气开得很足，你喝着一杯加了冰的可乐，看我大嚼鸡腿、鸡翅。最后一包薯条，我撕开番茄酱，“分你一点儿，别说我狠心。”

我大快朵颐后心满意足，抬起头看着暖黄灯光里的你，“你怎么不吃？”你浅斜如飞燕的眉异常好看。

“看你吃得这么香我都饱了。”

“你敢笑话我！”我捏起拳头朝你砸过去，被你轻巧躲过。

我要回家了，在街角和你道别，等着那一班最后的公交，却看见站在冷风里乞讨的人。我悄悄摸出兜里的五十二元钱，放在他面前，然后徒步回家去。

出租车在面前停下时我低着头迈开大步走，我是连两元钱的公交车都坐不起了，出租车，“抱歉真是不能照顾您生意。”

车窗玻璃慢慢摇下来，黑的夜色里一双更见幽深的眼眸注视着我：“罗南同学，你不是说你口袋里就五十元早餐费了吗，这么豪爽。”

“喊，有钱人就是这么没有同情心……我这人心软，同情心泛滥，行了吧？何公子。”

“我也同情心泛滥一下，顺便送你回家。”你偏过头去，不再同我说话，但在出租车狭小的空间里，我一侧目，总是看见你含笑的眼，牵起的唇，像是有煦煦南风，轻吹入我心怀。

到我家楼下时你跟着蹦出车来，我转头疑惑地注视你，十分郑重地说："我家地方小，真心不留你过夜。"

你呵呵笑着，捂住肚子眼泪都快要笑出来。"这个。罗南，送给你。"

"什么？贵重的东西我可不敢要。"

夜色里，我看见你从胸前口袋里取出心形的盒子，盒子上系着缎带。

"吃的啦。你不要我就扔垃圾桶了。"话虽这样说，你却双手递过来，夜风吹起你大衣的领子，吹散你额前的碎发。

"谢了。"灯光底下一过目，昂贵的巧克力。我伸出的手，不知怎么就想在你被风拂乱的头发上揉一揉。

我从来不敢认为这是你委婉的喜欢，这样精心准备的礼物，显然一开始就不是送给一个偶遇的路人。

所以在张莹又一次气势汹汹杀到四班，说出那盒巧克力是她嫌弃不要才会转赠到我手上时，我并没有气急败坏地跳脚大骂和心痛。

"食物仅仅只是食物，管它是从哪里来的，我们吃掉它才是最重要的。"心形的盒子被我一把扫进垃圾桶，我掰开最后一块巧克力与白文婷分享，但唇齿间，漾起的都是一圈一圈的苦涩。

樱花如雪中站着她和你

五中再不好我也是不敢荒废学业的，有时看着老师在黑板上板书，各种数学符号深奥如天书，我便常常咬了笔杆眉头紧锁地坐在座位上发呆。不敢放弃，怕少年时候许过的承诺真的随风逝去，我再也捉不住那已离散的人一丝半点儿踪迹。

当白文婷走进教室看到坐在我旁边位置上的你正提了笔在草稿纸上大力演算并扯着我的头发骂我“笨蛋”时，她惺忪的睡眼一下子就清醒无比，嘴巴张成“O”形看着我和你。彼时你用恨铁不成钢的语气说：“罗南你上课都在做什么？梦游吗？老师讲过的题目，我教了你好几遍，你还不会！”

无奈我已经面皮厚到如城墙，面对着如此诋毁岿然不动。“是啊，我蠢，我上课都是在梦游。”

你拂袖而去，在过道上推了白文婷一把，“梦游啊，一边梦游去。”

白文婷如梦方醒，挤到我身边不死心地问一句：“你和何小经到底怎么回事？”

我揉揉眼睛，继续看着练习册上如蚂蚁乱爬的文字，头也不抬：“从来就没有关系。”

冬去春来，五中的校园里大片的樱花开。某个我正在奋笔疾书的午后，我的好闺密白文婷心急火燎地冲进教室，一把拉了我的手就走。

“干什么啊你？我还有一道数学习题没有做完呢。”

“脑子进水了吧，罗南，何小经都要让人抢走了，你还在这里做题？”

“何小经？”我舌头打结，扬起脖子呛一句，“关我什么事？”

“装吧你，我看你装到什么时候。”白文婷一把推开玻璃窗，按着我的脑袋让我朝下看，“你看，你看看，东边那棵樱花树下，是谁？”

她说得太大声，这三楼上居高临下的质问惊到了樱花树下的两个人。美丽的女孩子和英俊的少年一同抬起了头，我在那些开得难收难管的樱花里看见如同天造地设般的两个人，张莹和你。

“大惊小怪。”我回头拍拍白文婷的肩，“人家本来就是一对，你瞎掺和什么啊。”

白文婷气得柳眉倒竖，浑身颤抖口不择言：“好。罗南，你要是躲在被窝里哭，可别说我没有同情心。”

午休的教室里没有一个人，被白文婷摔上的教室门在偌大的空间里发出嗡嗡的回声。

手上铅笔在演算纸上画出无数符号，待我惊觉，上面不知道是谁的脸，沉默地望着我，对我静静微笑。

我察觉到你站在我身后时你不知已经来了多久，你拖了一把椅子坐过来，看看我，又看看涂满了数学符号的演算纸。“我不认为自己曾经这么毒舌，打击你的自尊心已经到如此脆弱的地步。还有，”你纤长的食指伸出来点在一道方程式上，“这道题，不会难做到令你哭鼻子的地步吧，罗南。”

我恨你！我仰起满是泪水的眼睛瞪着你！我讨厌你的体贴！讨厌你给我台阶下！讨厌你的脸！讨厌你长得这么像我的陈简！

我几乎是凶狠地推开你，奔到窗边，“哗啦”一下推开窗，明媚春光里，雪白的樱花飘落如雨，你从身后递给我纸巾，语声轻微：“我们长得真的很像？”我想你听到过我暗恋你的解释。我抬起袖子擦一把脸，用力吸一下鼻子，回头对着你笑：“的确很像，所以张莹才会误会，我喜欢的人是你。”

“需要我跟她解释吗？造成这样的困扰，我很抱歉。”

你的脸，那张原本微微笑着的脸沉寂下来，蹙起的眉峰呈一个冷漠的“川”字。居高临下的你抱着双肩走过来：“你还真是，有趣的女生呢。”说完你转身出了教室门，远去的脚步在楼道里留下空寂的回声。

不要将自己的血泪摊开给陌生人看

那个周末又没赶上最后一班公交车，我沮丧地拖着脚丈量街道，身后的机车轰鸣着在前方停下，嚣张地按了一下喇叭。我目不斜视地往前走，直到身边的你掀开机车帽，大叫一声："罗南！"

如此招摇过市的确不是我的本意，何况你将机车在山城川流不息的车阵中开得风驰电掣。那一段长长的下坡路看情况根本不是去往我家的方向，我在身后对你喊："慢点儿！……停下！……何小经你浑蛋！"

引擎轰鸣，机车在向晚的天色中如离弦的飞箭。我勒紧你的腰，心脏狂跳。在一处城郊的荒地上你终于停下来，掀开帽子的你喘着粗气对我说："罗南你是个女生啊，你就不会文静一点儿。你再这么勒下去我要被你勒死了。"

"你还好意思说？骑那么快做什么？这也不是回我家的路呀！"

"谁说要送你回家了。"挑起眉毛的少年恶劣地笑。

"你——"

"好啦好啦。带你来这个地方就是想听你说说那个少年。照片拿来。"

"做什么？"我后退一步。

“看看跟我是不是有得一拼啦，还是真的一模一样。”

“没有！有也不给你看！”

“生气了？你不会这么小气吧？罗南。”

我从未对任何一个人提起过陈简，他是栖居在我心上的一道伤口，打开，伴着那温柔时光残酷而来的必是鲜血横流。书上说，不要将自己的血泪摊开，展示给陌生人看。

谁温柔了我的年少时光

我从来也不是这个城市的原住民，父母为了在这个城市买到一套房子几乎奋斗了半生。我很小的时候，长期跟随在乡下的爷爷奶奶身边。至今想起那个遥远的小山村，扑面而来浸入我记忆的便是那青青的山，山上芬芳的花，花满篱笆环绕着我爷爷奶奶的家。院子里有大枣树，南瓜和丝瓜会在夏天爬满竹架，奶奶脚边总是蹲着安静恬睡的猫咪，眯缝着眼在树荫下打着呼噜。这些都不重要，重要的是隔壁家那个瘦瘦高高的男生，那时我才六岁，九岁的他从家里跑出来，问着我爷爷：“她就是罗南？”

那是一张比女孩子还要好看的脸。又要离开我出去打工的母亲将包里所有的糖果和点心都翻出来，一股脑儿塞在我的口袋里。母亲说：“南南自己吃，乡下小孩子都脏，不要跟他们玩。”

母亲前脚刚走，后脚我就推开了他家的门，掏出糖果堆在他家院子的石桌上跟他分享。

母亲不知道对于一个小孩子来说，朝夕相伴陪在身边的人远比一套房子重要。更何况，这叫陈简的少年一见之下就有让我倾心的外表。

母亲逢年过节总是给我寄来大城市里的新衣和糖果，但她从来不知道我并不稀罕这些。我在需要人陪伴的时候有一个少年温柔相伴，他带着我玩耍，在有人揪我头上小辫子时挺身而出，他给我补习功课，放学上学的山路一走就是数里却年年月月风雨不弃。

十二岁的时候我在村子里的小学念六年级，一个下着大雪的周末，我骑着单车顶风冒雪地往爷爷奶奶家里赶。自行车在半路坏掉，我尝试了无数次，却只是换得一次比一次更无情的摔倒，束手无策的我终于忍不住对着荒无人烟的山道痛哭。

是在几近绝望的时候看见陈简的，这个十五岁的少年，突然在风雪迷漫的山道上出现，远远地跑过来，喊我“罗南”。

“哭什么罗南，我背你回去。”他蹲下身来，回过头来的少年眉眼间都是笑，挺拔如小白杨的身形已经有了一个少年男子初长成的样子。他说：“有我在，我们肯定就会平安到家啦。”

以后的多少年，离开小村庄，离开爷爷奶奶的家，在城市里生活，街道干净，再冷的天里也有暖气抵挡风寒，但我从未再遇到一种温暖，能够与陈简带给我的温暖相比。

我不知道该怎样向你描述这样的一个少年。六岁我初见他，他带我玩过泥巴，带我掏过鸟窝摘过树上的野山楂；七岁的时候他教我认字，在我乱写乱画的本子上写下他优美简静的名字；八岁，他为我教训村头的小胖子，因为他上课拽我辫子下课往我书包里塞奇怪的小虫子；九岁，他带我到村后的池塘里游泳，谁也不敢再笑话我是个旱鸭子；十岁，啊，我十周岁生日那一天的焰火，是怎样在山村宁静的夜晚带来五彩缤纷。特地赶回来的妈妈跟我说："南南快许一个愿望，吹灭了十根生日蜡烛，许下的愿望一定会成真。"

我切了老大的一块蛋糕跑出去，我跑到陈简面前，将蛋糕递到他手里。"请你吃生日蛋糕，你还没有送我生日礼物呢。"

这英俊的少年被我涂得满脸都是奶油，却笑着讨饶地说："哪里有人是自己跑来要礼物的。"他终究没有送成我礼物，他拉着我的手在呼啸着冲向天空的烟花中对我说："长大了跟罗南考一样的大学，我读完了就等你，我们都读完了就一起去周游世界，好不好？"

我十三岁时父母终于攒下一笔钱，在这个城市交了房子的首付，他们说，再穷不能穷教育，所以他们执意要带走上中学的我。

父亲请来的车一直开到爷爷奶奶家门前，爬满朝颜花的篱笆上探出少年英俊的脸，他笑着同我挥手，面对我夺眶而出的泪水没有同我说再见。

母亲不能明白我何以对这个贫穷落后的小山村不能割舍，我一遍一遍地回过头去遥望，风里远去的爷爷奶奶，远去的大枣树，远去的丝瓜棚，还有我微笑的少年。

回到城市不过是面对四堵冰冷的墙壁，父亲和母亲为我办妥了入学手续，又要匆匆南下打工。我长久地陷入我思乡的梦中，我不觉得这在高耸大楼上的房子是我的家。我的家在乡下，我的少年常常入我梦中。

那之后的寒暑假我顶着狂晕车三个小时，一到爷爷奶奶家就要瘫在床上一天一夜才能复原的勇气奔向小山村。爷爷奶奶念叨着说我孝顺，我却总是能够将任何一个话题延伸到陈简身上，我打听他的一切。蓝色的朝颜花在清晨的篱笆上开了一朵，又谢了一朵，我没有见到他，我的少年陈简。风雪呼啸着将山村染成一片银白，清朗的月光洒满村头蜿蜒的山路，腊梅花在枝丫上静静吐露芬芳，我没有见到他，我的少年陈简。

爷爷奶奶对他的消息讳莫如深，他们说你是个大女孩子了，要有姑娘家的矜持。我不管，我跑到隔壁的陈简家，“砰砰砰”砸开门。

“我找陈简。”我开门见山，并在院子里到处张望，我就不相信他每年长假都不回家。

憔悴的陈婶几乎是慌张地望了我一眼：“陈简他们学校还没放假呢……”

“哪个学校，连着两年都不放假吗？陈简的电话是多少，您告诉我，我打给他。”

陈婶开始沉默，最后她在沉默里突然就落下眼泪来，眼泪一大颗一大颗。我不明所以，我等着我心中少年的电话号码，为即将到来的重逢一颗心狂跳不已。

奶奶过来拉走我，说：“陈家媳妇，对不住啊，罗南这孩子不懂事。”

“什么？奶奶！”我在篱笆边站定，两眼直视着对我说话的人，两耳“轰”的一声，不能理解我听到的信息。

“陈简这孩子年初走的，心脏病，病情发展得快，大家都瞒着你，陈简也不让告诉你。”

这是什么笑话？这么荒谬！怎么可能？我的少年陈简怎么可能！我们还要一起考同一所大学呢，读完大学他会等我，我读完了大学我们就一起去周游世界。

太阳出来了，晒干了篱笆上的露水，满院的朝颜花在同一个时间以同一种姿态老去。我的少年陈简，他温柔了我童年和少女时代所有的时光，他没有等我，他在风里和我离散，去到了我未知的彼岸天堂。

世上所有的相遇，都是久别重逢

“他是横绝在我心上的沧海。”我转头对你说，像是微笑又像是叹息。记得元稹有句诗，他说“曾经沧海难为水”。

旷野的风拂过地上长草，簌簌如同私语。你抬起头仰望星河，你指着那些灿烂星群说：“罗南，陈简有没有告诉过你，他会变成星辰注视你。”

我讶异地看着你。

“他会希望你好好学习，考上心仪的学校。他会希望你永远快乐，找到一起周游世界的少年。他会希望你记着他，但也不要因此裹足不前。”

“沧海曾经横绝，但终有弱水替沧海。”你清秀英挺的眉在明暗灯火中浅斜如飞燕，是我最后一次见到陈简时他的表情。“我和他长得这么像，我相信此刻就是陈简站在你面前，也会对你说出相同的话来。”

少年走近一步，将怀中机车帽小心扣在我头上。“好了。你的故事讲完了，十二点的钟声要敲响了，王子该送灰姑娘回家了，请坐上你的南瓜马车。”

其实我想告诉你为灰姑娘驾驶南瓜马车的是小老鼠，但你将车子骑得很慢，夜风徐徐温柔，扫过我的脸，望见家门渐近，我终于不忍开口。

在楼道前我蹦下车，转身就要离去，倚着机车的你，在身后叫我的名字。一声我不想理，你就得寸进尺地叫第二声。“罗南——罗南——”大有把小区所有人都吵醒的架势。

“你想干吗？”我恶狠狠转过身，凑到你面前威胁你。

“你这人忘恩负义啊，翻脸不认人。我才刚刚送你回家，你的态度伤害了我。”原来白马王子恶劣起来丝毫不逊色于一个地痞无赖。你笑得十分恶劣，但分外灿烂。

我拔脚要走，你在身后捉住我的手。

“其实我刚刚是想说，明天我给你补习数学吧，就你这脑子，自己琢磨还不得把脑袋想破啊。”

“还有一件事，”你变得吞吐起来，英俊面上浮起红晕。“那个，想约你一起考同一所大学，读完了大学我们也可以一同周游世界去。”看着我瞬间愣住，似是被这委婉表白惊吓住了，你飞快地说了一句：“张莹的事，那是同学们在误传。我才不是为了她要读五中，她也不是我什么女朋友。”

恍惚里你似乎还说了一句什么，将市一中的对手都杀得落花流水捧回大赛奖杯的少年辩才，一脚发动引擎，机车掉头离去。

竟是害羞吗?

我上楼去，推开家里仍是空寂的四堵墙壁的大门，口袋里手机短信的提示音响起。

“怕你没有听清，你呆头呆脑的样子。再说一遍，我喜欢你，很喜欢你。或许沧海曾经横绝，但终有弱水替沧海。世上所有的相遇，都是久别重逢，我与陈简长得这么相似，必定是因为，陈简在上一世里曾经托付我，要与你重逢。”

又是新的一天，指针悄悄划过，推开阳台上玻璃窗，头上星河灿烂，亘古长明的星星俯瞰苍穹，不知道哪一颗，是陈简凝望我的眼。

我会好好学习，考上心仪的大学。我会永远快乐，找到一起周游世界的少年。我会永远记着你，我的少年。

不见不散

不见不散

妖精尾巴长

1

一觉醒来，唐琳感觉好累好累，她动了动脚丫，冰冰凉，原来被子盖横了。她呼呼地长出了口气，想起了刚才的梦魇。

梦里，有数不清的长长的蜈蚣咬着她的脚不放，而顾天昊站在她视线能到达的远处，双手抱臂，似是嘲笑的表情，她看不清楚。她害怕，却无处可逃，她想呼喊，却发不出声音。

幸好只是梦，可为什么是你？

2

唐琳是个一直把中华传统美德牢记在心的姑娘，比如没有垃圾箱，一颗糖纸可以攥到手心出汗；比如学校超市的阿姨多找她五十块钱，一节课她都坐立不安，下课就把钱还了回去；比如就算食堂的人再多，她都坚持排队打饭。在张茜看来，这就是傻呀，可唐琳觉得，傻人必有傻福。

食堂的人依旧多，像唐琳这样的姑娘却很少。

唐琳眼巴巴地看着托盘里自己想要的蛋糕一个接一个地被刷走，还剩最后一个，最后一个，就是我唐琳的了！可她拿起饭卡的手却停在半空。

“一个那个，一个那个，还有一个这个。”唐琳眼前飞舞出一根手指，到处指着。是一个比她高一头的姑娘，从身旁插过来，刷走了她盯了好久的蛋糕！

唐琳只觉得心脏里有只火鸡在跳，鼻孔里有头牛在咆哮，头发根有火苗往外烧。

“你没看见这里在排队吗？你好意思吗？”

“呵……”可能女孩子觉得唐琳可笑吧，咧了咧嘴。

唐琳又生气又委屈，眼泪不争气地在眼眶里转啊转。这时，顾天昊从队伍后面蹿出来：“干什么呀？仗着自己个子高欺负同学！”高个女孩儿看见有男生出来给唐琳撑腰，在嗓子眼儿哼了一声，扭着腰走开了。

“没事儿就吃饭去吧。”顾天昊的背影映在唐琳的瞳孔里又高大，又潇洒，完全不是十二年前那个煤球似的小屁孩儿了。唐琳差点儿没出息地哭了。

在众多古诗词中，秋天也算是出现频率比较高的季节吧。唐琳看着校园里正在变秃的树，荒荒凉凉的，让她有点儿想抱抱飞旋下来的叶子。好吧，它们飞到树根，报恩去了。正想着，唐琳“啊”的一声，后脑勺被偷袭。她无辜地捂着脑袋，转身看到不耐烦的小震甩着球拍。虽然球网打一下没有多痛，可是心灵的创伤才是难以治愈的呀。

“你干吗？”

“你耽误我打球了，躲开点儿。”

“喊。”唐琳的声音很小，小到只有自己听得到。

顾天昊刚好从不远处看到，心想，真是个胆小的笨蛋。

3

周末，慵懒的午后。阳光从窗子投进来，虽然没有夏天时的温柔，却也是这萧瑟的秋景中，一抹慰心的颜色。听到咚咚的敲门声，唐琳像只懒猫一样，挪动着身体，凑到门镜前，看到门外变形的张茜的脸。张茜正龇牙朝她笑，让她不由想起爱丽丝中会笑的隐形猫。

张茜背着手，神秘地走进来："琳琳，你猜，第几名？"

"你想让我猜好点儿呢还是猜坏点儿？"

"哎呀，不闹不闹，你快猜快猜。猜对了有秘密告诉你哟。"

"第二名，对不对？"

"哇，这么厉害。"

"那我也告诉你一个秘密。"张茜把耳朵凑到唐琳嘴边，唐琳小心地说着，"因为，你的气质只能配得上'二'！"

唐琳只有和张茜在一起的时候才会这样子，轻轻松松，不是胆小鬼与笨蛋。和自己越熟悉的人在一起，你就越不怕在她面前暴露自己的种种，整个心都从被包裹的皮囊中裸露出来，呈现出最真实的自己。

"说话算话，你不是一直都想知道我暗恋的对象吗？来来来，姐姐我今天心情好得很，大发慈悲，圆了你这个由好奇而生的梦。"

"谁？"唐琳把眼睛瞪得像两只水气球。

"顾，天，昊。怎样？不要说话！我一定知道你要说我眼光真不错！"说完，张茜拿起桌子上的苹果咔嚓咔嚓咬了起来。

唐琳心想，瞧你那美样，脸红得跟个熟透的烂苹果似的，说不定一会儿就有个白色的肉虫爬出来嗑穿你的牙齿。顾天昊这个家伙真是越来越有“姿色”了，在幼儿园的时候也没看出来他长大以后会这么惹小姑娘喜欢。或许是出于对幼年时感情的贪恋吧，唐琳宁愿不知道这个小秘密。

张茜天生活泼聪明，轻盈俊秀，唱歌又好听，是不少男孩子心仪的对象。前几天，她代表整个年级参加了教育局举办的校园歌手大赛，获得了第二名的好成绩。

“当然，这第二名，也有伴舞同志的苦劳呀。”

“排场不小，还有人给你伴舞呀？”

“这你就不知道了吧，还都是男同志伴舞呢，而且伴舞的男同志里有顾天昊！嘻嘻。”

他会跳舞？他怎么能会跳舞？哎，他怎么就不能会跳舞。唐琳悄悄地叹息着，没想到当年那个小得跟煤球似的男孩子，如今都会在舞台上蹦跶了，岁月真是一把神奇的刀。

“你瞄上他这么久，总该有点儿什么收获吧？”

“当然啦。”张茜掏出手机，一个编辑得很亲昵的联系人姓名和一串号码，“这算不算收获？”

“算。嘿嘿。”唐琳快速看完号码，在心里一刻不停地默念。

“我约了他好几次，都被他拒绝了，伤心了呢。”

“哎呀，排队的那么多，还差顾天昊一个啊？”

“哈哈哈……”

4

是不是我们的生命中，都有一个这样的人，他活在你从小的记忆中，多年以后，这记忆仍旧抹不掉。

对于唐琳来说，顾天昊就是她生命中的这个人，可她不知道，他有没有把她忘记。或许早就忘了吧，不然那天在食堂出手相救怎么显得那么生疏?

唐琳用公共电话拨通了顾天昊的手机。

话筒里传来的嘟嘟声像是要爆破的定时炸弹，让唐琳揪着心小小的紧张。

“您好，请问您是顾天昊吗？”

“我是。你哪位？”

两句简短的对话后，唐琳迅速结束挂断了电话。她用公共电话，使用推销公司业务员的话术，在不暴露身份的情况下，确认了那是顾天昊的号码。

檀木相册里，第一张照片便是唐琳的幼儿园合影。她是画中人，却不是画。小朋友们听话地站在花坛前，都穿着颜色鲜艳的漂亮衣服。只有唐琳，拿着一根雪糕，出现在照片左侧的一角，探着小脑袋，看向照相机镜头。那时候，她是短头发，整个人胖得发圆，右手手腕有一条突兀的红色疤痕蜿蜒着。

像是有一条倒流的溪，唐琳的记忆沿着这溪水一路退后，退到五岁的夏天。

那个时候，唐琳是个园里小朋友都不愿意接近的胖妞。不是因为她胖，是因为她总是臭臭的。她没有朋友，没有人和她拉手。

园里小朋友的嘲笑，让唐琳稚嫩幼小的心感到难过。有调皮的孩子看到形单影只的她会大声喊："唐琳是个臭胖妞！唐琳是个臭胖妞！"唐琳依稀记得她独自站在太阳底下放声大哭，只有老师会过来哄一哄她，然后她用胖胖的小手委屈地抹眼泪……想着想着，她的眼眶开始润湿，花了的眼睛看不清照片中一个人的表情。

那人就是顾天昊。

那天下午，小朋友们在院子里的长凳上吃完老师发的雪糕，开始玩大转盘。唐琳也很想玩，却因自卑有些胆怯，最终坐到了一个小女孩儿的旁边。谁知道，小女孩儿使劲儿推她，"臭胖妞！不要挨着我！臭死了！"唐琳没能抓紧转盘的铁围栏，摔了下去。由于小胖手太过用力，在滑下去的瞬间，手腕被围栏上的铁刮出了长长的伤口，成了现在也褪不掉的疤痕。唐琳坐在地上哇哇大哭，推她的小女孩儿也吓哭了。

后来幼儿园老师和唐琳的父亲说清楚了情况，她爸爸看起来有些颓废，似乎并不太关心唐琳，"没事儿，小孩子受点儿伤，过几天就好了。"幼儿园的老师都说，没见过这么开通的爸爸。

这一切都被顾天昊看在眼里，悄悄放在心上。他还小，不知道什么叫心疼，只是看到唐琳哭，他也想哭，看到唐琳一个人玩，他很想去和她一起玩。这样的心情，就是小孩子懵懵懂懂的关心吧。那天，唐琳正蹲在地上捡花瓣，顾天昊突然蹲在她身边，“我想和你玩。”

唐琳看了看他，哇的一声哭了。顾天昊也跟着她一起哭，边哭边给唐琳擦眼泪。

“我和你玩，以后就没人欺负你。我不怕你胖，也不怕你臭。”

“你又打不过我爸爸，他也嫌我臭。”

顾天昊没说话，就一直蹲在唐琳旁边看着唐琳。从那以后，谁要敢说唐琳是臭胖妞，顾天昊就会挥舞小拳头。

唐琳对顾天昊最深的印象就是他眉峰处那颗可爱的小痣。直到十二年后的现在，她看到那样的眉眼，还有眉峰处的痣，一眼便笃定他就是顾天昊。

多希望，他也能认得她。她现在已经不是臭胖妞了。

5

张茜再一次在唐琳面前提起顾天昊。每次提到他，她都眉飞色舞，一脸幸福的模样。她不知道，唐琳心里对顾天昊有期望，期望他记得她。所以，每次听到“顾天昊”

这三个字时，都不禁竖起耳朵，忍不住多问几句。

张茜会和唐琳说今天给顾天昊发了信息，看到顾天昊换了一件黑色风衣，更帅了。顾天昊今天看她一眼，或者是揣测顾天昊对她的好感。

“哦，对了，你没有对别人讲吧？我只和你说了哦。”

“放心吧，我唐琳才不会泄露别人的秘密。”

经常，唐琳看着顾天昊的号码犹豫，不知道要不要发信息给他，不知道自己在害怕什么，其实只是问一句：你还记得幼儿园里叫唐琳的那个臭胖妞吗？

可能长大后，更想保护自己脆弱的内心，才不想接近一个了解自己曾经卑微的人。唐琳给自己一个这样的答案，心里却依然放不下，不踏实。就像有东西在蠕动，让她的心痒痒的。

结束了心理斗争后，她想了好多个开场白——

顾天昊，你还好吗？

我是唐琳，还记得我吗？

嗨，老朋友。

……

最终，她打了一条这样的信息过去：“我想对十二年前的你说声谢谢。”

唐琳发过去信息后，等啊等啊等，手机都开始有了手掌的温度，也迟迟没有收到回复。索性趴在课桌上睡觉，醒了就会收到回复了。她这样安慰自己，忐忐忑忑。坐在后排的唐琳自然不是老师们重点关注的对象，莫说一节课，就算是一上午，她都可以睡得极为安稳。

唐琳睡得太沉，都没有觉察到张茜来到她的座位旁。显然更不知道，张茜拿起她的手机胡乱一看，就看到了那条顾天昊刚刚回复的信息。她看了唐琳一眼，迅速删掉短信，不动声色地离开了。

中午放学，张茜说临时有事，就先唐琳一步走了。唐琳因为没收到回复信息，很沮丧，没有心思管张茜有没有事。

顾天昊站在人民公园的入口，看着过往的每一辆车。他当然知道，那就是唐琳，十二年前的胆小臭胖妞，他也当然早就认出她来了。

黄色出租停在公园门口，可从车里走出来的却不是唐琳，顾天昊有些诧异。

"怎么是你？！"

"怎么就不能是我？是你说的不见不散呀。"

顾天昊转身上了出租车。

张茜站在原地，看着远去的出租车，心中升出一丝嫉妒和恨意。

她嫉妒唐琳这么轻松就约到了顾天昊，她恨唐琳暗地里接近她的暗恋对象。张茜心里隐隐冒出个低劣的想法，然后拨通了唐琳电话。

“亲爱的，今天晚上有约会哦，来吗？”

“晚上？什么约会？不是要上自习吗？”

“自习今天我们不去了，我和老师请完假了，你陪陪我就行。”

“这样啊，那好吧。”

“43号公交站牌处见。”张茜嘴角挂着一丝笑。

嫉妒与恨是这么可怕的心理，它可以让友情脆弱得不堪一击。

唐琳按时来到公交站牌，她左顾右盼，却不见张茜的踪影。刚要打电话催，张茜发来了信息：“等等哦，我马上就到。”于是，唐琳像个小傻瓜一样，继续等着。

半个小时过去了，公交车来了又走，唐琳正在担心张茜会不会出什么事，电话又一次在口袋里嗡嗡震动，班主任来电。

“唐琳，你怎么还不来上课？”

“老师，张茜已经帮我请假了呀。”

“张茜，唐琳让你帮她请过假吗？”张茜的回答唐琳自然听不到，“你现在就回学校。”

唐琳瞬间明白，原来张茜一直在班级，并没有来公交站牌处找她。她觉得自己是个小丑，被自己最好的朋友给耍得团团转，自己却还在为她担心。可她为什么要这么做？

“按照班规，唐琳同学晚自习迟到四十分钟，罚在综合教室值日一周，没有意见吧？”

“没有。”唐琳差点儿哭了。她与自己座位斜对角的张茜短暂地对视，张茜急忙低头写作业。

“你为什么这么做？”放学后，她们不约而同地留在了教室。唐琳终于可以勇敢地站起来保护自己了。

“你明知道我喜欢顾天昊，可你却背着我和他约会！亏我们还是好朋友！”

“约会？我甚至都不知道他认不认识我，我什么时候和他约会了？”唐琳一头雾水。

“你可真会装啊……哦，忘告诉你了。那条短信让我删了。”

原来他不是没回信息。

6

两个女生在教室里争吵，谁也没有看到早已悄悄站在班级门口的顾天昊。今天他做值日，回去得有些晚，路过这里，便瞧一瞧她们在吵什么。

“没错，唐琳虽然笨了点儿，可那也比背地里做手脚的人强。”她们的对话，一字不落地钻进顾天昊耳朵里。

原来他还记得我，原来十二年前她的英雄还在。唐琳的眼泪不争气地唰唰掉下来。

张茜被自己喜欢的人这么说，像是有把刀从心上剜肉一样疼。她拎起书包，愤愤地走了。

“还记得我？”

“当然。那天在食堂，你拿起饭卡的时候，我看到你手腕上的疤，我认得它。更重要的是，你还和十二年前一样，又笨又胆小。”

一段话说得唐琳的脸微微泛红，像春风吹开了的桃花。

“臭胖妞，还愿意让我像小时候那样保护你吗？周日下午，人民公园，不见不散。”

“人民公园，不见不散。”

那条被删掉的、没有被唐琳看见的短信。

晚风吹过没有她的夏天

骆　阳

初中的时候，我家住在小镇最东头的一条小巷子里。巷子里的女人们总是凑到一起聊一些鸡毛蒜皮的话题。她们就像是夏天的知了，不知疲倦，叽叽喳喳。

有时候傍晚放学回家，我经过巷子里她们的“根据地”，就会听到她们在讲某个阿姨仅用了两斤猪肉的价钱买了一件贼好看的连衣裙，或者是谁谁老公单位分的粉条有些煮不烂……

这是平时，每到考试的日子，比如说月考、期中考和期末考之后她们谈论最多的就是我。我在放学回家的路上听过好多次她们说老赵他儿子怎么学习那么好，每次考试都是第一。

每听到这些，我都会拉低帽檐，迅速溜过去。当然有时也会被她们发现，于是我就被拉到她们中间被询问到底怎么学能学得那么好之类的问题。

初二下学期一次月考之后，我经过小巷女人们的“根据地”的时候，不出所料，又被她们拉了过去。

一个阿姨直接问我能不能去她家给她闺女补习，她说她家闺女这次考试在年级下降了好几十名，这马上就要初三了再不追上去就晚了。

我问她们为什么不去找补习班。她说不是没找，去了好几家补习班效果都不好，之所以请我去是她觉得作为同年级的同学我更懂得应该给她闺女补习哪里。

我支支吾吾半天也没说出个所以然。阿姨眼巴巴地看着我等我给她个答复。

幸运的是当我把时间拖到不得不给阿姨一个答复的时候，我妈站在家门口喊我吃饭。我一边往家跑一边跟阿姨说这事再说。

再说的深层意思也就是说我根本不想给她闺女补习。

阿姨的闺女叫温舒，人如其名，她无时无刻不在温书，学习那叫一用功，可就是成绩不好，长期占据班级后十名。有些同学干脆以她为戒，放任自流，免得最后和她一样。

吃晚饭的时候我跟我妈说，温舒妈妈让我给温舒补习，烦死了。

我妈说：“你不用管了，到时候我帮你应付。”

没想到我妈刚说完这话，敲门声就响了起来。妈妈去开门，我从西红柿炒蛋里挑出一大块鸡蛋塞进嘴里之后便看到了温舒和她妈。

温舒她妈左手拎了两瓶电视上播过广告的酒，右手拎了一只大榴梿。这是下了血本，并且直接抓住我爸爱喝酒我妈看到榴梿就没有抵抗力这关键两点，大有“不破楼兰终不还”的气势。

温舒她妈倒也没拐弯抹角，直接跟我妈说此次登门的目的。我妈倒也豪爽，直接将我“卖了”，好像我都没一个榴莲值钱。

连靠山都倒掉，我也只能是恭敬不如从命。

至此，每天放学还要跑去温舒家给她讲上四五十分钟的数学题。

也是到了她家我才知道她智商低到爆不是谣言。她竟然时常将三角形内角和的度数记错，也一直都不会用公因式法解方程，尽管我教了她好几百遍。本应该一眼就看出答案的数学题她需要费掉好几张草纸演算甚至有时还要一同用上拨手指这一任何初中生都遗忘多年的招式。

每当给温舒上完课，我都会垂头丧气地走出她家门，这时候阿姨都跟在我后面问我她闺女怎么样有没有长进，等等。

头几天为了给温舒留些自尊心我还会说，哎呀温舒有长进有长进，阿姨你别太担心。后来有一天实在是被温舒气得心律不齐，我干脆就一摆手说你闺女没救了。

第二天放学的时候，我背着书包拿着一根雪糕一边往家走一边吃。温舒这时候追了上来，跟我并肩往前走。

她过了好一会儿才小声地问我，我真的没救了吗?

我吃掉最后一口雪糕，将棍子朝远处狠狠地一撇，嗯，你真的没救了。

哦。她默默地低下头继续往前走，之后一句话也没说。

后来我又去给她补了两三天课，就没再去了。但是傍晚放学的时候，温舒还是会快速地收拾好书包快速地跟上来。我们一起往家里走，多半是沉默，不过有时候她也会在口头上问我几个数学公式或者问我们班的作业有没有比较多。总之都是些不痛不痒的废话，我多数时候都懒得理她。

直到有一天，一个男同学看到我们两个一起走，便噘起厚厚的嘴唇吹了个口哨，虽然音色不够响亮但依旧充满了嘲讽的意味。他接着对温舒说，哎哟！丑小鸭想追模范生！

温舒的脸颊一下子红了起来，她张了张嘴好像要反驳他，但是最后却没有开口。

我也什么都没说，加快了步伐向前走。没多一会儿温舒就被我落下很远。我回头看了看，她低着头，走得很慢。那个嘴欠的男生此时已经不见了。

我放慢脚步，等到温舒走到我身边的时候，我跟她说以后放学能不能不和我一起走，她没有说话，只是点了点头。

从那以后，温舒一改往日一放学就飞快地往校外跑跟我一起回家的习惯，开始变得和别的女同学一样在放学后还要在教室磨蹭一会儿。并且之后我们除了在巷子里遇到时简短地打声招呼之外就再没有别的什么交集。

我想如果我和她不是住一个巷子，我才不会记得她是谁。因为她不漂亮，身材不是很好，学习也很次。我们根本就是两个世界的人。

后来的中考，我不出所料以全镇第一的成绩考上了县重点，而温舒只打了四百来分没考上任何一所高中，我想了想这和我的那句“你真的没救了”多少有些关联，她可能受了我的打击。

爸妈特别高兴，那天爸在饭桌上喝了两杯白酒，一直夸我。从小到大，那是他第一次夸我，我还有些不太习惯，让他住嘴别再夸了，不过心里面早已经乐开了花。

爸最后一拍桌子，酒杯哐啷一下摔倒在桌子上，去北京！

我先是吓了一大跳，然后问爸：“当真？”

我爸坏坏地笑了笑，反问道：“我食过言吗？”

说来也是。我别提有多激动了。我妈在一边收着碗筷，嘴角上挂着笑。

起程去北京的那天清晨，爸妈在屋子里不紧不慢地收拾东西，我不停地催促着他们快点儿，他们说着急什么还有的是时间。我背着鼓鼓囊囊的旅行包，走出家门，在大门口等他们。

七月份的小镇已经很暖和了，一户人家门前小花园里的樱桃树结满了红彤彤的果实。

樱桃树的枝丫在轻轻晃动着，樱桃树后面还有樱桃落在小盆子里咚咚的声响。樱桃树后面一定有人。我悄悄地走过去然后咳嗽了一声。

谁？樱桃树后面跑出来女生的声音。然后温舒从樱桃树后面走了出来。

“你啊！你怎么在摘别人家的樱桃？”我问道。

她朝着我笑了笑：“张奶奶说樱桃结得太多了，她们家吃不了，所以让我来摘一些。”

“哦。我要去北京玩，今天就出发。”

“真好。”

我咧开嘴巴开心地笑。温舒看我如此高兴，跟我开玩笑说她也想去北京，但是没有钱，所以能不能把她装进皮箱里然后带到北京。

我说当然不能，她太大了会把皮箱撑破的。

温舒只轻轻地骂了我一句讨厌。她让我在原地等一下，然后端着那一小盆樱桃跑回家。

过了一会儿她端着洗好的樱桃从家里跑出来让我吃，我只吃了一颗爸妈就从家里走出来告诉我要出发了。

妈看到温舒，竟然明知故问，问她中考考了多少分。温舒没好意思说，只说考得不好，没几分。

妈“哦”了一声，我们就往巷外走了。走到巷末的时候，我回了回头，看到温舒站在那棵樱桃树旁边冲着我温婉地笑着。

不知怎么，我的心突然有些难过。我跟她喊到了北京给你寄明信片。

妈问我什么时候跟那个傻姑娘那么好了，小心和她在一起玩变傻。

我对我妈说：“你才傻姑娘，不许那么说人家。”

爸说：“你那么向着人家是不是对人家有意思。”

我说：“拉倒去吧，就她那傻样。”

在北京玩了一个多星期，始终没有给温舒寄明信片，因为玩得太尽兴完全忘了答应过她这件事。从北京回来的时候温舒已经不在了，听巷子里的妇女们说她去县城她舅舅家开的饭馆里帮忙了，并且会在那里待很长时间。当时有些惊讶她还那么小怎么不去上个技校什么的，后来想了想觉得就她那智商去技校也是白费钱。

八月份的时候，我带着全家人甚至是全巷子人的期望踏入了县重点的大门。在家里我是独生子，在巷子里我是唯一一个考上县重点的学生。

到了那里，前一个学期我还是比较努力的，所以成绩还可以在班级排前几名。但是到了第二个学期我就逐渐被校外的花花世界吸引，下了晚自习时不时逃出学校去网吧打网游。

在高一快要结束的那个夏天，我交了我的第一个女朋友李佑雯。

和李佑雯交往的第二天就是周日，我带李佑雯去校外吃饭。

我们在马路上走了一会儿，李佑雯随便指了路边一家店说就这儿吧。我拉着李佑雯的手走进店里，我看了看四周环境还不错就跟李佑雯说，这里还不错，如果味道好的话以后就来这儿了。

刚说完这句话，我就看到一个熟悉的背影，是温舒，她正端着几个空盘子往厨房里走。

李佑雯注意到我的举动，问我："你和那个服务员认识？"

我说："哪个？"

李佑雯指着厨房的方向说那个那个就是那个。此时温舒已经走进了厨房。我说："那边哪有人啊！"

我和李佑雯找了个座位坐下。温舒拿着一个小本子和一支笔走过来，看到我，她仿佛要开口说话，但是当她看到我旁边有个女孩子时就把张开到一半的嘴闭了回去。接着她问我们："请问两位要些什么？"

李佑雯一边低着头翻着菜单一边说要这个那个这个那个。

温舒用那支破破烂烂的笔在本子上飞快地记着，专心致志。在她离开我们的座位时也没和我讲话或是看我一眼。

我在心里想着她还挺“懂事”。

酒足饭饱之后我准备付账，一摸兜，突然惊觉钱包落在了寝室。本想跟李佑雯说我没有带钱包，你先付账，回学校时再还你，但是我又想这是第一次请她吃饭，我就这么办事，实在不妥当，就放弃了这个想法。

这时候，我突然想到温舒。

我跟李佑雯说我去下厕所马上回来。厨房和厕所在一个方向，我回头看到李佑雯在摆弄手机没往这边看就一下冲进厨房。

温舒在厨房里洗盘子，看到我来，她放下手的盘子问我：“赵明杨，你有什么事？”虽然她的声音很小，但是我依旧从中听出了她那抑制不住的兴奋。

我指了指外边，“呃……那个……我忘记带钱包……”

她连忙用洗碗池旁边的抹布将手擦干净，从一条磨得不成样子的牛仔裤的兜里面挑出一些钱然后递给我。

我接钱的时候，看到了她的手心有几个很明显的口子，那一定是因为手长时间浸泡在冷水里而导致的开裂。

但是我没顾那么多，说了句谢谢就跑出厨房迅速回到座位上。

结账的人依旧是温舒，这次她仍旧是没说一句话或是看我一眼。

离开这里的时候，我趁李佑雯不注意回头偷偷跟温舒挥了挥手以示再见。

温舒朝我笑了笑。温舒不好看，戴着厚厚的眼镜，脸上还有很多雀斑，但是这一刻她的笑竟然那么动人。

走出饭馆在马路上散步的时候，李佑雯喝着一杯奶茶在接一个电话。我又回头看了看刚才温舒所在的那个饭馆，想起了有些可怜的温舒。这时候我有些后悔，后悔初中给温舒补习的时候太没有耐心，后悔那句“你真的没救了”。其实温舒也没那么差，她就数学不好，她英语和语文经常打很高的分数。

第二个周日，我没有陪李佑雯，我跟她说我妈病了，我要回镇上看看我妈。

甩开李佑雯之后，我跑去上次看到温舒的那个饭馆，可是当我走进去的时候，发现服务员已是另一个人。

大块的阴云从远处的天空飘过头顶，风也跟着狂了起来，冰凉的雨水滂沱地降落。

我想温舒会不会是回家了？我应该回巷子里看一看。我又想她怎么样跟我有什么关系？我何必冒着大雨去找她。

但是最后我仍旧是冲进雨里，打了一辆出租车直奔车站。

坐在回小镇的汽车上，我想风雨兼程后能再次见到她那温婉好看的笑，我想我们之间应该还会有故事发生。

而且我还有很多话要说，比如对不起。

不过我并没有获得这样的机会。

当我像一只落汤鸡似的跑回巷子里，冲进温舒家的大门，却只看到了温舒的妈妈。

她说温舒去省城读技校了，读技校的钱有一部分是她这一年来在县里给舅舅打工攒下来的。

我问阿姨温舒要读技校去年初中毕业怎么不直接去。阿姨说温舒怕给她造成太大的负担就先自己赚了一年的钱。

阿姨还告诉我她也要去省城了，找个管吃管住的活儿陪着温舒，她怕一个人留在巷子里太孤单，也不放心温舒一个人在外边。我问她那你们会不会经常回来，过年会不会回来？阿姨说不会，因为这里实在已经没什么挂念。

我跟阿姨道了再见，走出阿姨家门。我慢慢地朝巷外走，没有回家。路过那棵樱桃树的时候，我发现樱桃又红了。

滂沱的大雨已经停下，乌云开始准备撤离天空，崭新的阳光照射着这一棵樱桃树，樱桃树上每一个果实都像红宝石一样闪耀。

我摘下一颗樱桃放进嘴里，酸甜的汁水溢满口腔。

我突然想起去年的温舒，她站在樱桃树旁边冲着我笑的模样。

后来的日子，我依旧是会逃课去网吧，女朋友也又换了一个。

有几次回家的时候我问过我妈温舒回没回来过，我妈说在我上课的时候回来过，不过没待几天就走了。我又问我妈她们为什么春节不回来要留在外面，我妈说春节期间的加班费很多很多，就温舒她妈那抠门样舍得放过吗。

每当这时妈都会说我，你怎么一回来就打听温舒，该不会真对那傻姑娘有意思吧!

而我的回复也总是，你觉得你儿子能看上她吗?

一向不把一切放在眼里的我高考以五百分考不上任何一所重点大学的成绩草草收场。

当我在家里纠结着到底要不要再读一年高中的时候收到了一封来自省城的信。信里面是一张照片，照片上的温舒脸上挂着那熟悉的笑容，她的周围是一群天真可爱的小孩儿。

照片的背面是一串手机号码。我把号码小心翼翼地输进手机，按下拨通键。当我听到温舒说“你好哪位”的时候，我感觉我的心脏好像紧了一下。

一向伶牙俐齿的我此时说不出一句话，倒是温舒先猜到我是谁，开口问，“你还好吗？”

从这通电话里，我得知她是在省城一所技校里学幼师专业，周末的时候学校都会组织她们去一些孤儿院，她会给那些小孩子们弹钢琴讲故事。

我淡淡地笑了笑，我为现在的她感到欣慰，善良女孩儿的未来都不会差吧！

傍晚时分，太阳斜挂在天边，巷子的颜色逐渐暗淡下去。

家家户户上班的大人和上学的小孩儿纷纷回家，妇女们点燃灶台蒸上米饭来到巷子里围成一圈谈东说西，小孩子们跑到巷子里追逐嬉闹。

我望着平房顶上徐徐升起的炊烟，回想起那段已经泛黄的从前。

小学毕业的那一年盛夏，爸爸因为做生意赔了很多钱，挂不住面子的爸爸带着我和妈妈经朋友介绍从邻省省城来到这个小镇的小巷买下一个平房定居。

来的那一天，温舒跑到我家门前问我，“你好，我们以后能不能在一起玩儿？”

我仰着头说，“不要！”我心想瘦死的骆驼比马大，我才不要和你这种从小就住在小巷子里的丑八怪一起玩儿。

温舒躲在墙角哭了，却没有发出声音。过了一会儿，温舒就默默地走开了。

那时我还不知道她是很小就没有爸爸，总是被巷子里其他小朋友嘲笑欺负的小孩儿。

现在想想，我一直都是以一副可笑的骄傲的姿态，伤害着我身边最最善良的女孩儿。

我可能永远都体会不到上学时我揶揄她时她的难过，她考不上高中听到巷子里妇女冷嘲热讽时内心的苍凉，她在饭馆打工时遇到那样的我时心里复杂的情愫。

我也可能永远体会不到她在小饭馆等待破茧成蝶时那一颗波涛汹涌的心。

晚风吹起，小巷的轮廓完全模糊，我想给温舒打一个电话，可是我又该说些什么呢？

所以，就这样吧。

我是元芳，你怎么看?

闻人晴

1

每次自我介绍或是被人问起名字的时候，我都会十分的纠结，因为我有个比震天雷还要雷的名字，曰李元芳。这个名字对于英俊潇洒凡事追求完美的我来说简直就是人生的污点，可是我并没有自暴自弃。

我有个青梅竹马，她比我还要惨，一个女孩子名字居然叫狄仁杰！想起来就觉得好笑！其实我跟她也不过是五十步笑百步的差别，名字起得都不咋样。真怀疑我们两家的父母是商量好了起的名字，活脱脱一出《神探狄仁杰》！

反正从小到大有个人陪，总比只有我自己被嘲笑强。

于是我们两人无论到哪都是同学们谈论的焦点。令我不爽的是，为什么她是神探而我就是一保镖？这不科学！

有段时间“元芳，你怎么看？”这句话在网上火了，于是我也跟着火了。认识不认识的同学都争相来问我：“元芳，你怎么看？”就连老师都来凑热闹，每当化学老师讲完一道题都会乐呵呵的问我一句：“元芳，你怎么看？”

终于我的风头盖过狄仁杰了！一种胜利的喜悦感充满了我的心头。

可很快，这种喜悦感就烟消云散了，因为狄仁杰对这件事毫不在乎，好像是我一个人闲得无聊跟她较劲一样。

2

我和狄仁杰最大的区别就是，我有一副姣好的面容可是她没有。她的长相可以用简单的两个字来形容——凑合，四个字就是——勉强能看。

关于性格我觉得她爸妈给她起对名字了，无论做什么事她都认真负责、一丝不苟，而且爱较真还爱刨根问底。她还真把自己当成神探狄仁杰了啊？可惜我不是她的保镖。

但是迫于老爸老妈的压力，我每天放学都要把她安全送回家。所以很多时候，她因为一点儿小事磨蹭很长时间才回家，而我就要在一旁等她很长时间。

这天，她又有什么东西找不到了，一个劲儿地翻书桌，等她终于找到的时候，天都黑了。

回家的路上，我有些不高兴的埋怨道："你以后快点儿行不行？我每天因为要等你都没时间写作业了。"

不料她斜了我一眼，哼唧道："你不写作业是因为你懒，别以为我不知道。"

瞧瞧这个人！明明是她不对，反过来还要数落我一顿！我心里这个不服气啊，可是又不能跟她犟，不然的话我明天抄谁的作业？

我俩又走了一会儿，她有些过意不去地说道："其实你不用等我也行，我自己又不是不能回家。"

见她态度软了下来，我觉得自己不能太狭隘的，于是挠挠头大大咧咧道："得了吧！你又不是不知道我爸妈，他们还说哪天招呼你去我家吃饭呢。"

我们俩一直以来都是这样，她只要态度一软下来，我就什么怨言都没有了。等我回过头来再想想的时候又有点儿唾弃自己，难不成我真把自己当成她的保镖了？

不行！我不能继续这么下去了！

同学们都亲切地叫狄仁杰小狄，亲切地叫我元芳。虽然狄仁杰长相不出众，可是人缘却好得出奇。不管是老师还是同学，男生还是女生，都跟她相处得非常好。再回头看看我呢？也就那两个比较铁的哥们儿，还有一些偷偷给我递情书我连名字都叫不出来的女生。

再说学习成绩，她始终是班里的前几名，而我跟她正好对称，始终是班里倒数的前几名。

仔细想过之后我惊慌了，难不成我就这么一直被狄仁杰压在头顶上？绝对不能再这样下去了，我需要改变！

3

虽然我和狄仁杰走得很近，可是却从来都没有传过关于我们俩的绯闻。也对，估计在他们眼里我俩是在那没事闲的演电视剧呢吧？而我的角色一定是那该死的保镖！

中午我和狄仁杰一起吃饭，见我吃麻辣烫她又开始唠叨："你怎么又吃这些垃圾食品呢？没看电视上演的地沟油吗？还有这青菜都是没洗过的！"

这些话我听得耳朵都要起茧子了，"我说你能不能让我消停的吃个饭？那你告诉我吃什么干净？再说不干不净吃了没病嘛！"说完我又呼哧呼哧地大口吃了起来。

她还在我的耳边唠叨个不停，而此时的我正在心里盘算着怎么超越她。我想还是要从人缘这方面入手，俗话说没有人民支持的领导不是好领导，她这个"狄大人"如果没有了同学们的支持，看她还怎么在我面前颐指气使的！话说她貌似没在我面前颐指气使过……

不过，在我还没有想出具体策略的时候，我发现狄仁杰有些异常。

首先是她找到我坚决让我别再继续送她回家了，她会跟我爸妈说。我问原因，她支支吾吾说不出来。其实不送她回家也是我心里长久以来的一个愿望，可真由她提出来了，我却没有如愿以偿地感到轻松。

后来在我几番审问下，她终于透露，因为有别人送她回家了。得知这个消息后我气不打一处来，凭什么呀？她有别人送就不用我了，怎么以前不说不用我送呢？我倒要看看那个人长什么模样，居然敢打狄仁杰的主意！

放学后我没有早早回家，反而是偷偷摸摸地留在了学校。狄仁杰又发挥了她的磨蹭本领，开始收拾个没完。我真怀疑她是不是有放学之后必须逗留一两个小时再回家的强迫症。

好一会儿，她终于收拾完了，然后背起书包慢悠悠地往学校门口走去。她东张西望地等了一会儿，一个瘦高的身影走了过来。看清那人的面貌之后，我惊讶地睁大了眼睛，因为他是我的堂弟李元霸。

没错，我们这一家子都是奇葩，特别是名字起得一个比一个有特征。

不过李元霸来找狄仁杰干吗？他跟我们不是一个朝代……呃，不是一个学校的啊？再说这两个人一起走干吗不跟我说？难不成是有什么事瞒着我？

想到这我心里一紧，屏住呼吸凑近听他们二人的对话。从他们的只言片语中我推测出，是李元霸遇上了些解决不了的麻烦，来找狄仁杰求助来了。

我的怒气更旺了，好他个李元霸，还真把狄仁杰当神探了，有麻烦不来找我这个堂哥反倒去找八竿子打不着关系的狄仁杰，他脑子有坑吧？

于是我冲到两人面前，对着李元霸豪言万丈道："有啥事找哥，哥帮你解决！"

4

李元霸是他们班的生活委员，班费一直都由他来保管。某天中午他吃完饭，回来发现书包里的班费居然不翼而飞了！他不想让老师同学觉得他很没用，所以这件事他一直没告诉别人，本来想靠自己找到小偷的，可不巧的是班里要举办班会，需要买很多东西，如果找不到小偷他就只好自己把钱垫上了。

我听他说完之后，觉得他实在有点儿小题大做，于是劝道："你直接跟老师说不就得了？"

他有些为难地低下了头，"如果告诉老师的话，找不到班费肯定要大家再交一遍，那是我的责任，也不能让大家一起承担啊！"

这时狄仁杰冷静地说道："别着急，不是还有两天的时间吗？在这之前找到小偷不就行了？"

李元霸赶紧投过去感激的目光，说道：“小狄出马的话，肯定会有办法的！”

一听这话我就不乐意了，狄仁杰有什么厉害的，不就是小时候帮惹麻烦的李元霸擦过几次屁股吗？他还真当她无所不能了？

于是我冷哼道：“她怎么帮你？她连你班有几个同学都不知道。”

“这个不重要。”狄仁杰认真的分析道：“你可以用排除法来看，比如说缺钱的人，中午经常在教室的人，还有知道你把钱放到书包里的人。这样能排除很大一部分人，找到小偷也就十分容易了。”

“容易？”我一听她说这话就来气，“要真那么容易不早找到小偷了？”

李元霸不好意思地挠挠头，说道：“小狄说之前我还真没想到。”

我瞪了这个不争气的一眼，赌气道：“行行行，她厉害，有啥事你都找她吧！”说完撇下他俩我就自己回家了。

其实连我自己都搞不懂我到底在生谁的气，其实狄仁杰说的有道理，我心底也是认同的。可我当时为什么就不想给她好脸色呢？是因为我嫉妒李元霸有事找她不找我？肯定不是，按我的性格应该乐得清静，哪来的嫉妒一说？

那我在生什么气呢？气我自己什么都比不上狄仁杰？

可我干吗要跟她较劲？对！是因为不甘心，我不甘心凭什么我叫元芳就得跟随她狄仁杰！

我之前可是打定主意要超越她的！

5

几天之后李元霸来我家玩，脸上完全没有那天我见到的苦恼。看这样肯定是找到偷钱的人了。

果然，还没等我问，他就滔滔不绝地讲起了他是如何询问中午在班里睡觉的同学，然后终于小A说好像看到小W在翻他书包的事，最终跟小W对质发现他就是偷钱的人。

“那之后你是怎么办的？把他交给老师处理了？”我问道。

他摇了摇头，说：“没有，他应该也有自己的苦衷，我们应该给犯了错误的人一次改正的机会。我没跟别人说丢钱的事，而且小W答应我他会把钱还回来的。”

这倒有些出乎我的意料，我以为他一定会跟老师说的。我笑道：“看不出来，你还挺宽容。”

李元霸粲然一笑，“是小狄让我别告老师的，说真的，这次多亏了小狄，当时我都着急得不知道该怎么办了。”

听他夸狄仁杰，我又有些不高兴，可这不高兴又夹杂着些许紧张，我试探地问道：“你是不是对她有意思啊？总是听你夸她？”

“我是挺喜欢她的。”

我心里一紧，感觉心都提到了嗓子眼。

“哥你不喜欢她吗？看你从小到大都跟她在一起，我可没你那么幸运了。”他说完还煞有介事地叹了口气。

我的心里也松了口气，说道：“你不是答应送她回家了吗？还不是天天都能见到她？”

“送她回家？我怎么不知道？那不是你的工作吗？”他看上去一头雾水，完全搞不清状况。

不过我却明白了，根本就没人要送狄仁杰回家，她是因为我那次表现出不耐烦才故意这么说的。这一刻我忽然觉得送狄仁杰回家并不是件讨厌的事，确切地说，我好像还有点儿乐在其中。

在她说不用我送她的时候，我是有些失望的。只是那失望被我熊熊燃烧的怒火掩盖了。

我说不清我的不甘心究竟来源于何处，我也不知道我对狄仁杰的感觉算不算喜欢，只是这一刻，在我知道狄仁杰没有让李元霸送她回家的时候，我心里是欣喜的。

6

又一天放学的铃声响起，狄仁杰一如既往地重复着她那磨蹭强迫症，而我也不着急回家，反倒在一旁气定神闲地看起书来。

她收拾完书包诧异地看了我一眼，问道："你怎么还在这儿？"

我无聊地打了个哈欠，说道："送你回家啊！"

"我不是说过不用了吗？"

"你又不是不知道我爸妈。"我再次搬出了这个理由。

"我都给叔叔阿姨打电话说了，你不送我回家他们也不会说你的。"她较真的毛病又犯了。

我拽着她的书包，一边往门口走一边说道："别磨蹭了，再磨蹭该赶不上开饭了！"

我俩并排走在回家的路上，我装作不经意地开口说道："以后还是我送你吧，回家那么早无聊死了！"

"你不是说没时间写作业了吗？"

狄仁杰就是这样，以前我说过的每句话她都能在很长时间之后翻出来，可我还偏偏就是拿她没办法。

唉，看样子我是没有机会翻身了！

如果青春不快乐

如果青春不快乐

徵溺水殇

左维，你重色轻友的程度令人发指

我站在天桥上，看着手中正在一点点融化的圣代冰激凌，吸了吸鼻子，掏出手机给左维打了个电话，三分钟后，左维出现在天桥。

左维看都没看我一眼，把我硬塞进了出租车，潇洒地摆手，“师傅，送她去疯人院。”

在出租车里，我哭得梨花带雨，吓得司机师傅又是递纸巾，又是系安全带的，好像生怕我寻短见似的。快到小区门口的时候，司机大叔意味深长地说：“姑娘，别想不开啊！”

我瞪着我那骄傲迷人的单眼皮，忍痛甩下了二十大洋：“谁说我想不开了？”

我边扯着被泪水浸湿的皱巴巴的校服，边声势浩大地敲开了左维家的门。左维妈妈看见我一脸热情，“茗涵啊，很久没来阿姨家了呢，今晚阿姨留你吃饭哦！”

我甜甜地应着：“谢谢阿姨，阿姨辛苦了呢！”嘴里却千万遍地咒骂左维。左维这是你自从恋爱后第十三次把我这个青梅撂在边上了。今日苦肉计失败是我演技不佳，还好捞着你妈这顿晚宴。

“瞧你这小丫头，从小就招人喜欢！”说着左维妈捏了捏我佯装娇羞的脸蛋。

我坐在左维房间虐待他的戴尔公主那会儿，左维放大了N倍的特写脸凑过来，“我跟林因的事情，你嘴巴上点儿锁吧！”我从鼻孔里挤出“哼”字，看本小姐的心情吧。

餐桌上，左维妈妈边给我夹菜边笑着说：“小时候，我们家小维可喜欢茗涵你了呢。天天吵着要娶你做媳妇。”

我跟左维满脸堆笑，低头扒饭。半晌，左维幽幽地冒出一句：“才不是呢，茗涵每次都说要做方明朗的媳妇。”

我喝汤的手悬在半空中，汤匙上好看的纹饰让我眩晕，方明朗，方明朗。

你看，方明朗，我那么小心翼翼地保存着你给我的回忆，但还是被左维不经意间拽了出来，那么真实存在过的你，清晰如昨。

方明朗，我还是能一眼认出你

在方明朗离开我跟左维七年零四个月之后，我遇见了方明朗，一切都是那么猝不及防。

夏日火辣辣的阳光焦灼地烤炙着大地，好像恨不得下一秒就让大地生灵涂炭，寸草不生。我拖着邋遢的人字拖穿过小巷去买柠檬汁，嘴里还很不积口德地说：“左维，你这个重色轻友的家伙，现在一定正陪着林因在刨冰店吹冷气吧。”迷迷糊糊竟然撞上了骑着单车的方明朗，满满一大杯的柠檬汁将方明朗的白T恤弄成了一幅生动的柠黄山水画。方明朗拉起稀里糊涂的我：“涵涵，好久不见，你一点儿都没变，跟从前一样莽莽撞撞。”

太阳光脆生生地射入方明朗的眼底，竟然有几分碎碎的琥珀在瞳孔间流离，我的眼睛出汗了，方明朗好看的眉眼越来越模糊，我居然不争气地晕倒了。

醒来后，我看到方明朗坐在床边摆弄着我包包上那个泰迪的挂饰，那是九岁的方明朗送我的生日礼物。

“涵涵，你还留着它呢。”方明朗替我垫起枕头。

“方明朗，你知道我为什么七年过去了，还能一眼认出你吗？”我坐起来认真地看着方明朗的眼睛，那眼睛清澈见底。

方明朗笑笑摇头，“涵涵，好好休息，医生说你中暑了。”

我自顾自地说：“方明朗，当年为什么不辞而别，害得左维那个傻帽抱着我哭了两天，愤愤地说以后没人可以欺负了。”

方明朗调侃道：“你有没有哭？涵涵？”

我偏过头赌气不看方明朗，掏出手机，对着听筒大吼，“左维，我快死了，来给我收尸！”

半个小时后，左维跟林因出现在病房里。左维见我红光满面的那副得意样，凑到我跟前一字一顿地说：“徐茗涵，你这个恶毒女人。”

我眨眨眼睛：“左维，你看是谁？”

左维回头，对上了方明朗阳光的笑，两人都很矫情地抱在一起。左维趴在方明朗身上说：“老兄，你走了之后，徐茗涵一把鼻涕一把眼泪全抹我身上了啊。”

“是吗？”方明朗耸耸肩，转身朝向我。

左维赶在方明朗的前面冲到我跟前：“恭喜你，徐茗涵，你的春天到了。”

林因也握住我的手说：“茗涵，好好养病，艺术节期待你华丽现身。”

茗涵，我们都长大了不是吗

方明朗给我留的那个联系他的纸条攥在我的手里都

快挤出水了，我还是没有勇气打开它，邀请他来看我的表演。

学校的艺术节，我表演的是古筝独奏《渔舟唱晚》。表演前几分钟，我的心脏莫名地漏跳了好几拍。身为艺术总监的林因还特地过来安慰我："不要紧张啊，茗涵，我跟左维会做你坚强的后盾，为你加油的。"说着林因还亲自用胶布给我一一贴上了假指甲，然后微笑着离开。

我看着林因优雅的背影，海藻般的长发齐到腰间，粉嫩的公主袖，乖乖的泡泡裙，多么美好的女生，左维这小子眼光不错。

当幕布缓缓被拉开时，我还在默念着"我叫不紧张"。顿时灯光四起，台下黑压压的"大白菜们"也变得锃光瓦亮。我轻抬手腕，绿弦飞梭，节奏渐快，高潮来临。结果一声断弦声划破了美好！指甲飞落，台下响起了一片倒彩声。

我背过身默默下台，刚好碰上了笑靥如花的林因，耳边还回荡着主持人的报幕声："下面有请林因同学带来《我的歌声里》！"

左维带着喜滋滋的表情对我说："一起去庆祝吧，徐茗涵。"

我看着左维，脑海出现了小时候左维跟我走南闯北的情形。那时候的左维永远是徐茗涵的跟屁虫，他会站在阳台上大喊："徐茗涵最棒了！"发自内心。

左维像看动物一样审视了我五秒钟，抬起手胡乱摸了摸我乱糟糟的头发，“茗涵，我们都长大了不是吗？”

没错，左维，我们是长大了。长成了我们所不期望的样子，变得那么背离我们的初衷。如果我说，现在我的青春不快乐，左维你还愿意做我的狗腿子，走南闯北吗？

三个永远在一起的小屁孩儿

再见到方明朗是我去琴行买古筝指甲的时候，方明朗正坐在琴凳上认真地弹奏着《梦中的婚礼》。阳光斜射在方明朗的刘海儿上，一半透明，有流苏般动人的光泽。方明朗纤细的十指在黑白键盘间游移，一切恍若隔世。

八岁的方明朗又哭又闹地上了自家的汽车，看着不远处我跟左维蹲在土堆旁不亦乐乎地构筑小窝，方明朗用力地捶着车玻璃，“妈妈，我不要学钢琴，我要跟涵涵玩。”

方妈妈瞟了眼车外，用力按住了方明朗。

方明朗不甘心地从车窗伸出脑袋，“涵涵，我去学钢琴，你学古筝好不好？”我从土堆里探出头，扬起脏兮兮的脸干净利落地说：“不好！”

从那以后，方明朗就很少出现在移动城堡、小海边跟屋顶上了。偶尔我跟左维会听到隔壁传来方明朗蹩脚的钢琴声。再后来，方明朗莫名其妙地消失了，没有一句话留给我。但我却永远记得，那个星光坠落的夜晚，三个孩子小手指相勾的那份不离不弃。

方明朗从钢琴间抬起头，“涵涵，你学古筝了？记得小时候我也叫你学的，你都没搭理我还跟左维合着伙欺负我。”方明朗说这些的时候，脸上带着好看的笑。

我坐在方明朗的单车后座，看着方明朗修长的身影在柏油马路上留下的影子被单车的轮子转过一圈又一圈，突然想起了那些蹲在角落数单车的日子，那个第一次学骑单车的少年。

方明朗侧过脸问我：“涵涵，你弹琴的样子一定不是现在这副强悍的样子。”

我看着方明朗被风吹皱的白T恤衫，曾经的少年已经长大了。那么多嬉笑追逐的日子，像风一样呼啸而过，偶尔会在耳边猎猎作响。我忍不住轻轻地环了方明朗的腰，“在我需要你白痴般的夸奖的时候，你不在我身边。”

方明朗突然停下单车，站在落日的余晖下，转过脸对我坚定地说：“涵涵，我一直记得，我们三个永远在一起。明天，我会转到你们学校的。一切重新开始，来弥补十岁那年我的不告而别。”

我抬起头看着方明朗棱角分明的脸，被天边淡彩的暮色染成了金色，仿佛梦境一样绚烂。亲爱的方明朗，谢谢你回忆了那么多，尽管年华逝去，但我依然庆幸遇见一如既往的你。

这真是个不折不扣的玩笑话

有时候上帝就是个恶搞缔造者，他乐此不疲地编造着各式荒诞的剧情去迎合自己无聊的口味。可现实永远那么讽刺，我争取了很久的学生会会长竞选，到最后，对手居然是林因。

竞选演说那天，学校的阶梯教室挤满了人。刚转到学校的方明朗居然白痴地给我做了个加油牌，上面杀气腾腾地写着：徐茗涵，必胜!

我站在后台看到左维跟林因十指相扣，暗自祈祷，但愿这场战役不会太血腥。

轮到我演讲了，我朝台下微笑："方明朗，你的掌声我要定了！"

一切都好，除了麦克风那三十秒钟的杂音，但这小小的杂音却彻彻底底地干扰到了我，一塌糊涂。

我过去抱了抱林因，还擂了左维的前胸一下，泪水却厌恶地爬满了面颊。

"茗涵，别哭啊，你可是打不倒的奥特曼呢！"左维看着我，无力地垂下了头。

方明朗不知道从哪里冲了出来，上来就给了左维一拳，那一拳直直地打在了左维的眼眶上，有殷红的血迹。我从来没看见这个样子的方明朗。他大声地对左维说："左维，这是你欠涵涵的。”说着拉着我离开了后台，路过站在墙角的林因，方明朗说了句，“林因，请你好自为之。”

自始至终，我都一头雾水，任凭方明朗拽着我奔跑在校园里、马路上。方明朗边跑边骂：“徐茗涵，你就是个大傻瓜，你以为天底下会有那么多的巧合是不是？你以为你弹琴运气就真的有那么背，指甲刚好会飞掉？麦克风就那么跟你过不去，刚好会有噪音吗？是左维调试的麦克风，你还不明白吗？”

我挣脱掉方明朗的手，一个人用力地奔跑，与方明朗相背离的方向。风夹带着这座小城特有的海水潮气吹过脸颊，大片的泪痕迅速冷凝掉，连带着方明朗的声嘶力竭被我丢在了身后。

跑累了的时候，我蹲在墙角自己抱着自己。其实，徐茗涵一点儿都不傻的，只是徐茗涵从来都不会恨左维的。在徐茗涵的眼里，左维永远是七年前那个陪着自己玩脏兮兮土堆的小屁孩儿，这样子没心机的左维，是不会伤害徐茗涵的。

方明朗，如果现在徐茗涵觉得，青春不快乐，该怎么办？

徐茗涵不傻，一点儿也不傻

方明朗说，徐茗涵是个傻瓜，十足的大傻瓜。

其实，徐茗涵一个人的时候会想很多的东西。那些被放置在华美盒子的往事被徐茗涵一一拾起。

徐茗涵记得，方明朗为了给大鼻涕左维拿到在屋檐上的风筝，摔得鼻青脸肿还对一旁哭得稀里哗啦的徐茗涵说："涵涵，别怕啊，我没事。"

徐茗涵记得，自己、方明朗跟左维三个人站在小土堆的后面许下的宏大愿望。左维说要好好爱妈妈，方明朗说要买好多好多的糖果，因为徐茗涵跟左维都是嗜糖如命的人。

徐茗涵记得，唯唯诺诺的左维在语文老师面前英勇的神情，用力地按下因为没有拿课本而战战兢兢的徐茗涵。

徐茗涵记得，童年里的三个孩子在跌跌撞撞中渐渐长大。

关于左维，关于方明朗，徐茗涵都明白的。一起成长的日子，谁又能轻易释怀呢。所以，现在发生的一切都抵不过那些美到眩晕的过往。

"喂，方明朗，如果青春不快乐怎么办？"

"不如回到我身边。"方明朗淡淡的勾起嘴角。

"那还是回到童年更过瘾点儿，是吧？"左维在一边邪恶地笑。

青春有的时候就是这样子，有点儿迷茫，有点儿无助。但终究都是年少犯下的可以原谅的错误，最终还是可以被大片的明媚覆盖。

写给秋阳的那些信

左　海

信件1

秋阳，展信悦，这是写给你的第一封信。

今天是我成长在十六岁里的第一个夜晚，我坐在桌前，打开节能台灯，用我最喜欢的这支笔给你写下这封信。真奇怪，我们明明相隔那么遥远，我却似乎能隐隐约约地听到你的声音，你是不是在说："林雪丽，祝你生日快乐，天天开心。"好的，你的祝福我收下了，也请你一定要幸福快乐地长大。

1

梦里，我回到了十六岁生日的那一天，那是时隔三年，我再次遇见陈海明的日子。他就那样突兀地按响了我家的门铃，突兀地抱着一只大笨熊站在门口，突兀地朝我眯起眼睛微笑，然后突兀地说："林雪丽，好久不见，生日快乐。"

我怔怔地看着他，两字一顿地问道："那个，请问，你是？"

"呃……"陈海明的笑容变得比较尴尬，他把大笨熊放到脚边，整理了一下皱巴巴的衣服，介绍道，"我是陈海明啊，林雪丽，你真的不记得我了吗？"

我仔细端详着面前这个男孩子，鼻子眼睛确实有点儿像三年前的陈海明，可他那时候是个小胖墩，还足足比我矮半个脑袋，哪像面前这个人，瘦瘦高高的，还有点儿帅。不不不，现在可不是犯花痴的时候。我甩甩脑袋，不可置信地问道："你真的是陈海明？"都说女大十八变，没想到男生也能千变万化，跟孙猴子似的。

我实在不确定眼前这人是否真是陈海明，所以坚持一贯的"坚决不放陌生人进门"的原则把他拦在门外。我爸从客厅路过，看到我和一个男生僵持在家门口，好奇地走过来看个究竟。

"陈海明你来啦，快进来快进来。"我爸热情地招呼男生进门。

我错愕极了，“爸，你怎么一眼就看出他是陈海明？”

我爸狡黠地一笑，激起我一身鸡皮疙瘩，他说：“这你就不知道了吧，上个礼拜爸爸出差，晚上就是和陈海明他爸一起吃饭的。他爸说陈海明这个礼拜会转来你读的这所学校，家已经搬过来了，我就邀请陈海明来参加你的生日聚会咯。”

“怎么不早告诉我，你不知道刚才我俩多尴尬。”我埋怨道。

我爸嘿嘿傻笑，“闺女，你还不了解你爸吗，昨天吃了什么今天立马就忘，更何况是上个礼拜的事情。”

陈海明总算是成功地把大笨熊交到了我的手里，又笑眯眯地重复了一遍：“林雪丽，好久不见，生日快乐。”

“陈海明，怎么说咱俩也算是青梅竹马，也就初中这三年没见，你连我的喜好都给忘了。”我撇撇嘴说，“这大笨熊又大又丑还不便宜，倒不如直接送我人民币。”

陈海明笑得拍起大腿来，“林雪丽，再怎么说也三年没见了，你倒是一点儿也不跟我客气，一上来就指责我没眼光，礼物选得烂。”

……

铃铃铃，我睁开惺忪睡眼，按下床头的闹钟，坐起来抓抓乱蓬蓬的头发。

“林雪丽你快点儿好不好，今天又想迟到啊！”我走到窗边伸出脑袋，陈海明正坐在单车上一脸怨气地看着我。

夏天的清晨很明亮，柔柔的光线照在陈海明干净又精神的脸上，让他一瞬间变成了青春偶像剧里的男主角。

时间是我成长在十六岁里的第七十三天。

信件2

秋阳，总有太多话想对你讲，以至于都忘了给你说说陈海明。

陈海明，你还记得他吗，做了你小学六年同桌的人。对对对，就是那个比我俩矮半个脑袋的小胖墩。

小学毕业以后，陈海明被他爸送去邻城一所民办中学，他在那里并不受欢迎，班里同学都笑他胖，说他只会吃垃圾食品，做任何事都慢慢吞吞，拖班级后腿。他不想被瞧不起，不想遭排挤，所以下定决心改变自己，这第一步就是减肥。

现在的陈海明已经是个身材匀称、高个头的男孩子，三年后第一次见他，我甚至没认出他来，闹了不少笑话。

2

“谢谢你。”把情书塞到我手里的女孩子羞答答地跑开，留下我一个人仰天长叹，白眼快翻到天灵盖。

这已经是拜托我转交给陈海明的第几封情书了，我早已数不清。这些女孩子欺人太甚，自己没勇气当面递情书，就把这破事拜托给我，就因为我是陈海明众所周知的好朋友？姑娘们，你们也至少给我点儿好处吧，请我吃顿饭总不过分吧，一句谢谢就完事？真是人善被人欺。

我面无表情地把情书扔到陈海明桌上，他抬眼看我一脸不痛快，嬉皮笑脸地说：“美好的一天才刚刚开始，你干什么一脸欠你钱的表情。”

我坐到他对面，两只手握紧，全身因为愤怒发起抖来，“我真是受不了了，你是大明星吗？我是你的经纪人吗？凭什么要我管你这些破事。”

陈海明装出一副被吓到的样子可怜巴巴地说：“林雪丽，一大早吃炸药了吧你，递个情书而已，至于吗你？”

“怎么不至于，”我正襟危坐，“换位思考一下，要是你隔三岔五被男生拜托向我递情书，你会不抓狂？”

陈海明终于没憋住，笑得花枝乱颤起来，“林雪丽，我没听错吧，会有男生给你写情书？”

我对天起誓，要是杀人不犯法，陈海明一定活不过今天。才重逢两个多月，他就把挖苦嘲笑我当成了家常便饭，这要是时间久了那还得了。心好累，我不想再理他，回到座位上复习课堂笔记。

一整天的冷战我占尽上风，陈海明对于惹我生气心知肚明，想方设法来和我讲话。

“林雪丽，肚子好饿，一起去小卖部吧。”

“林雪丽，把刚才英语课的笔记借我下。”

“林雪丽，我错了，你就大人不记小人过原谅我好不好？”

我高昂着头，铁了心不理他，表情和姿态通通透着一股高贵冷艳的气息。

放学回家路上，陈海明边追我边叫我名字，我假装没听见继续朝前走。

“林雪丽，差不多行了，高贵冷艳的性格压根就不适合你。”陈海明追上来，气喘吁吁地说。

我斜着眼睛瞅他，“你怎么就知道不适合我？”

陈海明松下一口气，“谢天谢地，你总算跟我讲话了。”

“还不是看你可怜。”我就是太善良。

“今天早上写情书给我的卢佳佳，我记得她好像是舞蹈队的吧，挺可爱的女孩子，你说我要不要和她交往试试看？”

“你是在征求我的意见吗？”我看陈海明盯着我不说话，浑身不自在，“我，我怎么知道你们合不合适，这事儿你不会自己掂量啊？”

枝繁叶茂的香樟树被我和陈海明一棵一棵甩到身后，我只感觉自己整张脸都在发烫，额头也满是汗，一定是天气太热了。

信件3

秋阳，真奇怪，最近只要看到喜欢陈海明的女生，我的两只眼睛就像着了火似的。我一定是病了，这病恐怕还不太好治。

这么多年过去，陈海明温暾的性格一点儿没变，不喜欢也不知道拒绝，真不晓得他是不忍心伤害那些女孩子的自尊心，还是心里很享受这种被喜欢被簇拥的感觉。

前些日子，他对一个叫卢佳佳的女生很感兴趣。卢佳佳我知道，有人说她是校花，学习成绩好不说，还会唱歌跳舞琴棋书画。陈海明竟然来问我要不要和她交往看看，太可笑了，喜不喜欢是他自己的事情，和我有半毛钱关系。

秋阳，我这个样子是不是不对？我该装作更淡然更无谓一点儿。可是怎么办，我好想装不出来，我会不会是喜欢上陈海明了。

3

卢佳佳是个特别优秀的女孩子，理所当然也有一批追求者，但她一个也瞧不上，可当她一眼看到陈海明，心里就认定了他。

我承认我的确特别欣赏这种女孩子，虽然她有那么一点儿害羞，连递情书这种事情都要来麻烦我，但是她是很自信的，她觉得她配得上陈海明。所以，在递了第一封情书杳无音讯之后，又再接再厉地写了第二封情书，有点儿不好意思地站到了我的面前。而这一次，我并没有伸手去接她递过来的那封信。

我说："卢佳佳，喜欢一个人就勇敢点儿，你连这点儿勇气都没有，凭什么去喜欢一个人。"说完我就有点儿后悔了，因为我觉得我的语气有点儿咄咄逼人。

庆幸的是卢佳佳没有跟我翻脸，仍旧笑着说："我保证这是最后一次，如果还是得不到他的回应，我以后绝对不会再来打扰你。"

"我真不知道你喜欢陈海明什么，你和他接触过吗交流过吗，就因为他长得好看了点儿你就喜欢上他了？"我顿了顿说，"那是你没见过他小学时候的样子，整个一小胖墩，眼睛鼻子挤在一块，要多丑有多丑。"这话说完我自己都吓到了，恨不得立马扇自己两嘴巴，卢佳佳更是震惊得接不上话。

“那个，情书我帮你递，你就当我刚才什么都没说过，再见。”我一把抢过卢佳佳手里的信，以百米冲刺的速度逃离现场。

整个上午我都没在听课，一直在心里祈祷卢佳佳不要把我刚才的话告诉别人，可是事情永远不会尽如人意。卢佳佳原来是个大嘴巴，亏我还夸她是个优秀的女生。

午饭过后，陈海明怒气冲冲地跑到我面前，用力踢了下桌脚说：“林雪丽，是你到处说我小时候又胖又丑没人喜欢，不仅如此还品德不好的吧？知道这事的也就只有你了，所以你也不必狡辩，亏我还当你是我最好的朋友。”

没想到卢佳佳还能添油加醋到这份上，真是太贴心了，生怕这火烧得不够旺，“陈海明，我对天发誓我绝对没有说过你品德不好。”

“哦，那你就是承认说过我小时候又胖又丑还没人喜欢了。”

这事没法解释，毕竟我确实说过这样的话。是不是我传出去的也已经不重要了，因为事情已经变成这样。我很轻很弱地说：“对不起，希望你能原谅我。”

陈海明可能是太生气了，整张脸都是红的，不停地喘着气，也没再说什么。我想他应该不会原谅我了，所以只好垂头丧气地走出教室。全班人都看着我俩，这种气氛我实在受不了。

就在我一只脚已经踏出教室前门的时候，陈海明突然提高了分贝说："你以为你小时候能好到哪里去，要不是我主动要求做你同桌，你以为还有谁愿意跟你一起玩，别自我感觉太良好了，林秋阳。"

林秋阳。听到这个名字的时候，我只感觉眼前一黑，我甚至错觉地以为地面已经在一点一点地塌陷了。我用最后一点力量支撑着身体，慢慢地继续移动，我告诉我自己：林雪丽坚持住，快点儿离开这个地方，只要离开就好了，别怕，不要害怕，没人能够打垮你。

我知道身后有无数双眼睛正带着惊讶和好奇看着我，我不能回头，虽然我很想知道陈海明用了一种什么样的眼神。

信件4

秋阳，林秋阳。关于你的秘密终于还是被揭开了，很抱歉，没能好好地守护你。你会怪我吗，你会像陈海明一样怪我吗?

其实我能理解陈海明，因为我现在和他当时的心情是一样的，只不过他用愤怒的方式表达了出来，而我则选择了逃避。

林秋阳，你还记得你小时候是个多讨人厌的女孩子吗?

打从你记事起，你的生命里就缺少一个妈

妈的角色，爸爸没有瞒你，他很诚实地告诉你，你妈妈走了。你爸爸说，阳阳，你妈妈长得很漂亮，你长大了一定比你妈妈更漂亮。可是，事实好像并非如此，爸爸工作太忙了，根本没有时间照顾你，为了方便打理，你剪了男孩子一样的短发，再加上林秋阳这个听上去就不太像女孩子的名字，学校里的同学都不喜欢你，说你没有一丁点儿女孩子的样子，太奇怪了。过了几天，你没有妈妈这件事又传遍了校园，大家都说你肯定是因为妈妈走了才变成这个样子的，你也就真的自暴自弃起来，整天都把自己弄得脏兮兮的，还跟班里的男孩子打架。

学校里唯一愿意跟你做朋友的只有你的同桌，他叫陈海明，是个胖乎乎的小男生。他个头还没你高，上课偷偷躲在下面吃垃圾食品，下课就和你聊聊天，整天吸着鼻涕傻傻地笑。你不喜欢他，但是也不讨厌他。你知道，他之所以愿意跟你做朋友，是因为同样没人愿意跟他做朋友。算了吧，在乎这么多干吗，就勉强和他交朋友吧，毕竟你还是想要有人陪你说说话的。

就这样，同桌到了第六个年头，终于要毕业了。你回头看着来时的路，发现整个童年都只有一个陈海明，这真是一件让人头疼的事情。可你也是开心的，因为陈海明是个特别善良幽默的男孩子。他总是让着你，哪怕明明是你有错在先。他会讲很多有趣的笑话，你总是笑得肚子痛。六年时间，足够你把他当成一个真心的朋友，虽然他实在是有点儿胖。

小学毕业后的那个暑假，有一天，陈海明找到你说：“林秋阳，初中我不能和你一起念了，因为我爸爸工作的关系，我要去邻城念书，对不起啊。”

你一点儿也不伤心，你说：“没关系，我们可以互相写信，放了假你也可以回来找我玩。”

“林秋阳，要你爸爸给你改个名字吧，当然，这只是我个人的意见，你要是真的喜欢自己的名字，可以不改的。”陈海明说这话的时候，语气是小心翼翼的。

没想到你很爽快地点头同意了，“好啊，我一定要我爸给我取一个漂亮的女孩子的名字。”

“真好。”

“不过你也要答应我，别再胖下去了，初中要开始减肥。”

“好啊，我正好也受不了这一身的肥肉了。”

初一开学那天，你坐在教室里给陈海明写

信，开头第一句话就是：陈海明，我改名字了，我现在叫林雪丽，记住了，林雪丽，是不是很好听？

秋阳，你是小时候的我，我是现在的你。

4

距离“小胖墩和林秋阳”事件已经过去了一个礼拜，我终于决定登门谢罪，而且还特意找了个陈海明他爸也正好在家的日子。有他老爸在，他肯定不好意思再向我发火。

果不其然，我坐在大沙发里，陈海明坐在小沙发里，他虽然面无表情，但至少看不出愤怒的迹象。陈海明他爸大概猜到我和他儿子闹了点儿矛盾，竟然说临时有事要出门，这借口也太烂了。我想这下糟了，陈海明他爸这一走，陈海明还不得冲到厨房去找菜刀呀。

陈海明他爸走了五分钟后，整个客厅的空气都还是凝固的，我心里正纠结着是拔腿就跑还是干脆眼一闭跪下来认个错，陈海明却在这时开口说话了。

“要喝饮料吗，可乐还是橙汁？”

我小声嘀咕：“这是要给我下毒啊。”

“你说什么？”

“没什么，可乐！”

喝了可乐直打嗝，我觉得自己真是太丢人了。

陈海明跷着腿双手交叉抱着，像个小大人似地盯着我说：“可乐好喝吗？”

“嗯嗯嗯，好喝好喝。”我点头如捣蒜。

“你就没什么要跟我解释的吗？”

他既然愿意给我解释的机会，我也就认真起来，“那天早上卢佳佳来找过我，我确实一时嘴快说了你小时候又胖又丑的事，但是没人喜欢和品德不好我绝对没说过。”

“也就是说又胖又丑的确是你说的。”

“这是事实嘛。”我又小声嘀咕道。

“你说什么？”

“没，没什么。”

陈海明吐了口气说：“林雪丽，首先我也给你道个歉，那天的事我也有不对的地方，我不该对你那么凶，更不该以牙还牙。但是，我之所以这么生气，是因为我不希望我喜欢的女孩子是个到处说人坏话的大嘴巴。”

“嗯……嗯？！”我刚刚听到了什么，我是不是听错了。

陈海明也被自己的话震惊到了，装作什么也没发生过一样，拿起茶几上的可乐喝了一口说：“这个可乐，好喝，真好喝。”

“这是……在跟我告白吗？”我的声音明显又变小了，可偏偏这一次陈海明却听到了。

“谁跟你告白了，少臭美了。”

我理直气壮起来，“就是你刚刚说的啊！”

"我说什么了我，你一定是听错了。"

"还不承认。"我哼笑了一下。

"可乐喝完了就快走人。"

"我爸不在家，你得请我吃饭。"

"想得美，快走快走。"

"哪有赶客人的道理，我不管，你今天必须得请我吃饭。"

"哎，林雪丽，你可是来登门谢罪的，现在竟然还恬不知耻地要我请你吃饭？！"

"对啊，怎么了，我脸皮一向很厚，你又不是不知道。"

"真拿你没办法。"陈海明终究还是笑了，眼睛弯弯的，特别好看。

信件26

秋阳，这可能是我最后一次这样叫你了。

这可能也是我写给你的最后一封信了。

我想告诉你两件事情。

第一件事情：我很想你，也很谢谢你，没有你不会有今天的我，你知道的，我一直都很爱你。

第二件事情：终于放暑假了，我和陈海明决定去看海，你猜得没错，我们在一起了。

我们都曾闻过竹香的味道

夏一茶

“啪”的一声，破灭了

今年4月15号是我的十六岁生日。十六岁的时候，我想拥有一瓶竹子味道的香水。

关于这愿望，我只完完整整说给了魏藻一个人听。而听我讲完想法，她只是习惯性地推了下眼镜框，“我记得书上说，竹子是没有味道的……你说的这个，调香师是怎么弄出来的呢？”

于是我忙不迭地掏出那张印有远山碧水的广告单，一边细细和她讲述那种青绿色的感觉，一边在心底默默地想：看，这才是真正的朋友，不愧与我同年同月同日出生，就是有这种特别的默契。

虽然事实上，我一直都很讨厌这个共同点：同时出生的人，总会被外界拿来做各种比较，而她比我漂亮、聪明、懂事又招人喜欢、家境也好，和这样的人做朋友，总好像是一个活体陪衬……但，这一刻她的沉默，却像是种特别的赞同和安慰，忽然让我的心亮了起来。

“下周六就是我们的生日啦，十六岁耶！你就不想纪念一下？”我想着，夸张地冲她挤了挤眼，“你最想收到什么礼物？我送给你好啦！”

说这句话时，我的右眼情不自禁地跳了一下，知道那不是什么好兆头，可朋友之间互赠礼物是多正常的事儿，虽然我想要的那个有些贵，不过，社区门外十字路口上的小店里有小样出售的，三毫升几十块，象征性地意思一下也好啊！

只是，魏藻似乎并没理解我的意思。

生日那天，当我把她之前说过想要的《百年孤独》双手捧到面前，得到的回礼竟是一小盆仙人掌！

在同学的嬉笑吵嚷之中，我呆坐在魏藻家的真皮沙发上，老半天才礼貌性地咧了下嘴。心里难过得不行，胡思乱想了好一阵子才平静下来：魏藻最近在准备学校举行的“淑女大赛”，她被公认为班上才华最出众的女生，作为热门选手，八成已经忙糊涂了，将我想要的“竹子”和仙人掌弄混了。

这想法一直支撑我到切蛋糕那一刻，当时我和魏藻并肩站在大家面前，双手交握在餐刀上，就在大家喊出“许个愿”的瞬间，我听到身边的她低声地讲：“比起香水，仙人掌还有些防辐射的功能呢。”

我和她相识太久，听得出这话的潜台词：做人想要开心，就别总想着不切实际的事和不实用的东西。

原来她一直记着，却比任何人都鄙视我的这份渴望！虽然明白她就是这种刀子嘴的娇小姐性格，但听到自己朋友如此说，我心里还是很难受。

特别是，分吃蛋糕的时候，我听到了她和其他女生的谈话，她们聊到了不久以后、成年时即将使用的化妆品，魏藻在那些向往声中微笑着说：“像我们这样样貌平凡的女生，还是要多修炼内在——化妆品化不出真正的美。”

跟着，她在那些女生“你还平凡？”的质疑声中，深深地朝我看了一眼，“香水也一样。”

呵！一件礼物而已，不送就不送好了，还上升到人身攻击，是要干什么？

理由总无法接受

不过，三天之后，当我从魏藻身上闻到那股熟悉得不能再熟悉的竹子香水味时，我一下子明白生日那天，她说那些话的全部理由。

不会错的，那股清澈而悠长的味道，正如此刻站在魏藻身边的女生所感到的一样，“魏藻，你今天身上的味道好特别啊！像浓绿的湖水……哦不，是树林！”

这很快引起了其他人的响应，她们称赞魏藻身上的味道，我见这情形，再也忍不住冷笑了出来，“之前还说什么注重内在，排斥香水，居然转过身就在家偷偷地喷，还是别人喜欢的那种！”

“啊……这个是香水吗？”“什么牌子的？”“香水都好贵的啊，学生能用吗……”

面对女生们的议论，魏藻迟疑了一下，跟着轻轻笑起来，“这并不是香水，而是我爸从国外带回来的洗发水哦！”

“原来如此！”

女生们露出恍然大悟的表情，甚至对站在一旁的我有些鄙夷，那姿态虽然无声，可我明白，无非是些“嫉妒就明说”“钩心斗角也配做朋友”的心里旁白。

整个世界被这种低气压覆盖着，下午上课的时候，老师讲到“负面情绪”，有几个女生还偷偷地瞄了瞄我。

可我有什么错？

“说谎的人明明是你啊！”

魏藻愣了一秒，很显然，她怎么也没想到一贯闷闷的我，这次居然会为了这么一件无足挂齿的小事，特地揪住她的衣袖，要清楚地说个明白。

“有什么好说的？”她朝放学后拥挤的校门远远看

了一眼，又看了看我们所在的教室，确定连最磨蹭的同学也离开了之后，才蓦地笑了出来，“有谁规定这款香水是你专用的？先到者先得，都念到中学了，这点儿道理不懂吗？”

“所以，你每次抢走我先看上的东西，还都觉得理所应当，对吗？”

说着，我伸手将她放在桌上的笔袋拿起来，里面的文具哗啦啦散落出来：“这些笔啊，橡皮啊……哪样不是我之前看中，而被你先买走了？”

说起来，魏藻就是这种人：虽然做事执着努力，却没什么审美意识，于是总对我看上的东西喜欢得不得了，千方百计抢先买来用，不然就找个款式、颜色差不多的。

而我从小就讨厌和人用一样的东西，只是从没在她面前表现过一丝一毫，不过是因为我了解她的自尊心强，也因为……我觉得我们是朋友，不要在这些小事上伤了和气。

“只是，气味这东西实在太独特，要如何找到和我喜欢的类似，却一样出色的，你并不知道，这是你从没遇到过的情况，所以索性用这种方法占了先机，以为你先用了，我就一定不会再用！”我生气的时候，话也不自觉地多了起来，“而且，被我拆穿之后你还要撒谎，为什么要撒谎……”

“撒谎？”她之前一直绷着的脸，在听到这两个字后忽然舒展开了，“原来，你在意的是女生们对你的看法，你怕大家说虽然我们是最好的朋友，可你一直在悄悄妒忌我啊？”

怎么可能！她在说什么？我觉得天底下没有比这更荒唐的话，特别是在被我挑中又被她抢走的东西面前，可下一秒，它们就统统成了另一个说法的证据，魏藻指着它们，笑盈盈地问：“就算是看中了，你买得起吗？”

“除了把它们当成礼物，千方百计地怂恿别人送给你，你还有什么办法得到吗？”魏藻的眼睛亮晶晶的，好像早就看透了一切，“我之所以当着女生们的面，说那不是香水，也是为了你的面子——让所有人都知道你求而不得，真的好看吗？”

说着，她头也不回地离开了教室，剩我一个人孤零零地站在原地，那句话不停在耳畔回响：你就是买不起，眼馋得不得了，还不承认……

嫉妒，潜藏在心底最深的嫉妒……

难道……这就是吗？

你的秘密我知道

那句话在我心里转啊转，就连梦里都是魏藻讥笑的声音，我忽然不知道该怎么面对她，虽然白天里，她当着其他同学的面，依旧对我一副和颜悦色的亲切。

如果说曾经懵懂的我，将那视为友情的象征，可现在，那却成了地地道道令人作呕的虚伪。

特别是大家凑在一起提到隔天的“淑女大赛”，之前魏藻宣布参加的同时也替我报了名，这也成了大家议论的话题，“小夏好像没学过什么才艺吧，去了岂不是当分母？”“是啊，两个好朋友，一个第一名，一个连决赛都进不去，这不太好吧！”

跟着，她们似乎马上意识到我正灰头土脸地坐在身旁，气氛有些尴尬，可魏藻却笑呵呵地说：“不会的，小夏的家务活做得不错，没准明天不考琴棋书画，而考怎么烙饼呢！”

没想到，这句讥讽居然成了真。第二天初赛，最后一道题目居然是蒙眼刺绣，虽然在我看来那题目简单极了，蒙眼的布料是半透明的，刺绣对象又是有规律可循的十字绣，再简单不过的图案，但对于从未接触过针线的魏藻，却成了比登天还大的难题，也因此，她毫无悬念地败下阵来。

时隔两天的班会上，班主任一时兴起，以此举例，向同学们讲述传统文化的重要性，说完之后还叫我和魏藻两人站起来现身说法，我不知该讲什么，胡乱回应了几句，毕竟喜悦的一刻已经过去，现在我更隐约觉得，这次胜利会给自己带来不小的麻烦。

果不其然，魏藻见我坐下，淡淡笑着站起身，“小夏这次能获得决赛权，我作为朋友真是由衷地高兴。以前她就特别喜欢做刺绣，这不光是因为她妈妈在上班之余，还要帮别人缝被子来贴补家用，而且她本身也很喜欢手工，经常缠着我为她买那些小型十字绣来玩……”

她的声音平静，却不能阻碍无数锋利的眼光向我射来，就像观瞧一个马路上裸奔的人，我感到全身都滚烫滚烫的，马上就要被那些话做的油给烫伤了。

可是，还能回应什么？她说的每一句话都是真的。

身边的嘀咕声像水一样漫过来，“呀，以前只知道小夏家不富裕，没想到居然那么惨。”

“那她还天天和魏藻玩在一起？你没见魏藻吃的用的都是名牌吗！”

“就是想蹭吃蹭喝占便宜呗，这还不简单！”……

什么啊！我才不是那样的人！我慢慢地垂下头，痛苦地将其埋进胳膊里，心想今晚就把之前她送的东西都还回去，这一切是不是就能结束了！

那就是我晚上到她家去的初衷。我并没有想偷听什么，更没有想故意传播什么，是魏藻见她父母在吵架的时候我忽然按动了门铃，感到心虚和恐惧，第二天在同学面前没完没了地说我妈妈的坏话，惹急了我，才促使我口无遮拦地说出前一晚在她家门前听到的话。

我走到她家门前时他正怒气冲冲地朝魏藻妈妈嚷嚷，声音大得全楼都能听见：“魏藻就是个意外！要不是当年以为她是个儿子，谁会要啊！还说我对你们不上心，不给我生儿子还唧唧歪歪，就都给我滚出去！”

当我重复完魏爸爸的话，魏藻忽然熄灭了所有的气焰和嚣张，她瞪圆眼睛，看了我半天，嘴唇不停颤动，却什么都说不出，我见状忍不住哼了一声，“是，我父母各打了两份工，整天忙碌辛苦，还不够我过上你那样的生活，可那有什么？我爸是永远不会冲我妈吼出那种话，也永远不会赶我们出门的！我！就！是！过！得！比！你！幸！福！”

我一字一顿地说完最后那句话，魏藻忽然脸色惨白地跑出了教室，所有女生都愣在原地，当她们缓过神追出去，魏藻已不见踪影，这让我既忐忑，还有点儿小小的高兴：那是我和她相处以来，第一次吵架占了上风，在此之前，我从来都活在她优秀而强大的阴影之下。

“你就不觉得自己过分吗？”我听见身体里的某个部位和旁人一样，在问稳稳坐在椅子上的我。

“那她呢？明明是她先欺负我，先说我父母的啊！”我理直气壮地反驳。

“可是，”体内那个声音，和身边女生悄悄地议论合二为一，“你们吵架的样子太凶，似乎从没把对方当成朋友，反而像不共戴天的敌人呢！”

是啊，难道之前我们的友谊都是谎言吗？我不自觉地愣了一下，尤其听到同桌的男生不以为然地说：“女生那点儿小心眼，不就那么回事嘛！”

心痛，不要触

两节课过去，魏藻一直没回教室，学校的各个地方都被我们找遍了，可是没有。无奈之下，我们只好将这告诉了班主任，班主任急忙给她的父母打了电话。

结果，她爸爸接到电话后，说了一句什么就挂了。

班主任没向我们重复那句话，只说“没事”，这让人有些担心，特别是起因还是由于我的口无遮拦，于是放学后我犹豫再三，还是决定去魏藻家看个究竟。

可刚走进园区大门，就远远见到一群人正围在她家的单元门前，七嘴八舌地议论着什么，冲过去一看，是魏藻爸爸指挥着工人，将家具和电器一样样搬到货车上，“这些都蛮贵重的，要轻拿轻放！”

这时，魏藻忽然从家里冲了出来，死死拉住魏爸爸的胳膊，一改往日的恬静，满眼通红地大声喊：“爸爸，这些东西家里还要用的啊！”

“哈！还知道心疼东西呢？生儿子你妈说顾及你的感受，提离婚又不同意，叫搬家你们赖着不走，那只好我走！”说着，魏爸爸抬手将魏藻推开，“回去告诉你妈，赶紧给我搬，别指望一直住着！……”

我忽然什么都明白了，难怪魏藻对我的话那么介怀，她的家事已经发展到这步田地，她爸爸待这母女如此薄凉，我却一点儿都不知道，也根本没有察觉，不是她的掩盖能力太强，而是因为，一直以来，我都只顾着和她计较那些相同的文具，以及这次的香水。

想到这儿，我有些脸红，而这种场面想必也是她最不希望我看到的，所以我往人群中退了退，打算偷偷离开，可就在转身的瞬间，身边一位大娘的惊叫声惊住了我，"哎呀！怎么能这么打孩子呢？不是亲生的吗？"

那一刻我忽然大脑一片空白，隔了好一会儿才缓过神来，当我再次正神，才发现自己已冲到魏藻和她爸爸面前，一只手擎住她爸爸的手，身体整个挡在魏藻前面，那场景让整个世界瞬间静止，许久，我才听到自己的声音，"不许你再打她……不许。"

后来魏藻妈妈从外面赶了回来，所有事情在邻居嘈杂的评议声和魏藻父母的争吵声中，混乱地草草结束，而魏藻却镇定下来，在一旁低着头，好像没看见我，也好像这些混乱根本与她无关似的。

我看着这一切，想这是自己离开的时刻，但下一秒她拉住了我的手，指尖冰凉的温度让我有一丝心疼，"放心吧，今天的事我不会向任何人说起的。"

之前一直红着眼的魏藻，在听到这句话后，终于忍不住将头撇在一边，我知道她哭了。和我最初认识她时一样：那是刚上初一的时候，一次放学，我留在班级画板报，怎么也画不出自己想要的感觉，气急败坏地将画笔摔在一边，这时看到教室里还坐着一个人，她一边默默擦眼泪，一边埋头写着什么，见我发现后忙擦掉，还装出一个大大的笑。

那就是魏藻。为一次小小的数学测验不过关而烦，要强却不让人知道心底有多在意。

空留余味

总是这样。

我们虽然处境不同，经历不同，解决问题的方式也不同，但心灵的感受却总是相通：家境优越的她永远不会提议同学们到我家开Party，还借着各色名头，送上被我看好的文具，而我也总是在走到她家门外，听到她父母的争吵声后悄悄离开，不让她知道我听见了那些令人不堪的话语。

我们从没向对方说起自己真正的难处，就像我们都对彼此的心痛无比清楚，不身受，仍感同，这恐怕就是同时出生的人，或者说，朋友。

可是，这一次，因为一瓶小小的香水，所有的一切都改变了，再也回不去。

那天之后，魏藻没再来过学校，一周之后，班主任说她因家人工作变动而选择了转学。

我知道那不是真的，但面对女生们试探性的疑问，我什么也没说，只静静握住藏在课桌里，仅剩半瓶的香水小样。

那是魏藻悄悄来过学校的证据，她留给我的除了这个，还有一段让人沉默、却挥之不去的回忆。